应用型人才培养"十四五"精品示范教材
新时代"互联网＋教育"可视化教材

职业导向实用体育教程

主　编：徐苏州　　庞　涛　　张徽徽

副主编：杨永华　　张　艳

编　委：陈淑奇　　熊德明　　唐立菊　　于　丹

　　　　曾　攀　　刘　颜　　徐　勇　　章颂军

　　　　皮德华　　吴加清　　汪　磊　　高　阳

　　　　向昌浩　　雷晓芬　　郑　春　　钟　炼

　　　　李　科　　马景卫

湖南师范大学出版社
·长沙·

图书在版编目(CIP)数据

职业导向实用体育教程/徐苏州,庞涛,张徽徽主编. —长沙:湖南师范大学出版社,
2021.7

ISBN 978-7-5648-4227-7

Ⅰ.①职… Ⅱ.①徐… ②庞… ③张… Ⅲ.①体育–高等学校–教材 Ⅳ.①G807.4

中国版本图书馆 CIP 数据核字(2021)第 130436 号

职业导向实用体育教程

ZHIYE DAOXIANG SHIYONG TIYU JIAOCHENG

◇主　　编:徐苏州　庞　涛　张徽徽

◇责任编辑:蒋旭东　毕艳华
◇出版发行:湖南师范大学出版社
　　　　　　地址/长沙市岳麓区
　　　　　　邮编/410081
　　　　　　电话/0731-88872751
　　　　　　传真/0731-88872636
　　　　　　网址/http://press.hunnu.edu.cn
◇经销:全国新华书店
◇印刷:长沙长大成彩印有限公司
◇开本:787mm×1092mm　1/16
◇印张:12.25
◇字数:294 千字
◇版次:2021 年 7 月第 1 版
◇印次:2021 年 7 月第 1 次印刷
◇书号:ISBN 978-7-5648-4227-7
◇定价:39.80 元

(教学资料包索取电话:李老师 13875955033)

前言

国务院办公厅《关于强化学校体育促进学生身心健康全面发展的意见》（国办发〔2016〕27号）的文件精神，强调高等学校应根据自身情况开展运动项目教学，提高学生专项运动能力，逐步形成"一品一校""一校多品"的教学模式，努力提高体育教学质量。为了引导广大青少年学生走向运动场，走进大自然，走到阳光下积极参加体育锻炼，2006年在全国学校体育工作会议上，正式启动"全国亿万学生阳光体育运动"计划。教育部、国家体育总局、共青团中央又联合发出《关于开展全国亿万学生阳光体育运动的通知》，提出力争用3~5年的时间，使85%以上的学生能做到每天锻炼1小时，掌握至少2项日常锻炼的体育技能，形成良好的体育锻炼习惯，使体质健康水平切实得到提高。国家对学校体育工作如此重视，无疑给学校体育工作的改革提供了良好的契机。

高等学校体育工作如何抓住机遇，实现快速和谐的发展，已成为高校体育工作者面临的重大课题，在保证学生每天锻炼1小时、掌握2项体育技能及形成"一品一校""一校多品"的具体目标面前，高职学校体育教材如何去落实成为我们急需解决的问题。

高职教育作为我国高等教育的重要组成部分，是高端技能人才的培养基地。高职体育教育是高职院校课程建设的重要组成部分，肩负着培养身心健康、全面发展的人才的重任。

基于《全国普通高等学校体育课程教学指导纲要》对体育课程的指导思想、课程目标、课程内容、教材改革的要求，我们编写了具有鲜明特色和时代特征的《职业导向实用体育教程》。本书根据"职业活动导向、能力素质本位、项目任务载体"的思路，构建了基于职业活动导向的项目化课程，凸显了体育课程教学必须对接职场、对接学生未来职业生涯的教改思路。本书以"素质教育""以人为本"和"健康第一"为指导思想，以培养学生健康的体魄和掌握终身锻炼身体技能为根本目标，针对学生未来工作岗位的体育锻炼需求，有目的地介绍了多种实用的职业体育项目，为学生未来的身体锻炼和对职业疾病的预防与治疗，提供了科学的方法。

本书共分为五篇，即体能训练、职业导向实用体育、健身气功、运动保健、急救与应急处理，以篇—章—节的架构模式行文，重点从体能与职业体能、职业体能训练、职业导向实用体育的目的、八段锦、明目功、职业病的预防和体育疗法、急救处理方法等方面对职业导向实用体育进行了概述，旨在帮助学生在理解职业导向实用体育原理的基础上，深入了解和掌握各种职业体能训练与职业疾病的预防与体育疗法。本书是学生学习职业导向实用体育锻炼方法、提高身体素质、预防职业疾病、促进疾病康复的指导性书籍。

本书由徐苏州、庞涛、张徽徽任主编，同时组织体育教学一线的多位名师精心编写，此外还参考和借鉴了许多专家、学者的文献资料，在此一并表示感谢。

由于我们的研究能力、学术水平有限，加之时间紧、任务重，书中难免存在不足之处，恳请读者批评指正，以便进一步修改和完善。

编者

2021 年 5 月

目录 ——CONTENTS

第一篇 体能训练

第一章 体能与职业体能

●●● 第一节 体能概述 ●●●

体能也叫体适能，主要是通过体育锻炼而获得的。体能是一种满足生活需要和有足够能量完成各种活动任务的能力。具备这种能力，人们就可以预防疾病，增进健康，提高生活质量。

一 体能的定义

目前国内外学术界对体能的定义呈现出多样化。世界卫生组织对体能的定义是应付日常工作之余，身体不会感到过度疲倦，还有余力去享受休闲及应付突发事件的能力。这与我们的生活品质和健康密切相关，其关键主要取决于身体适应能力的好坏，也即体能的优劣程度。我们的身体各项机能会伴随着年龄的增长逐渐丧失活动所需的适应能力，并因此而影响我们的正常生活及工作，甚至诱发疾病而危害我们的健康。

二 体能的种类与要素

针对适用对象的不同，我们将体能分为与健康相关的体能和与竞技相关的体能两大类。与健康相关的体能也称为健康体能，它包含了柔韧性、肌力、肌耐力、心肺适能以及身体成分等与我们身体健康息息相关的要素。与竞技相关的体能包含了运动员在竞技运动中所需要具备的速度、敏捷、平衡、协调、爆发力和反应时间等要素，这些要素都与运动员在竞技运动中的表现有着密切联系。

体能的要素是心血管耐力、肌肉力量、肌肉耐力、柔韧性和身体成分。心血管耐力主要是增加血液运送氧气的能力，使大肌群能够更长时间工作，所以训练以有氧训练为主；柔韧性是指关节在最大范围内活动的能力，应以肌肉伸展训练为主；肌肉力量是肌肉对抗阻力的能力，可通过力量训练提高；肌肉耐力是肌肉在单位时间内重复收缩的能力，以中、小重量训练为主；身体成分是指身体中脂肪与非脂肪部分的百分比，通过以上四种训练可以很好地调节身体成分。

••••● 第二节　职业体能概述 ●••••

一　职业体能的定义

职业体能是与职业（劳动）有关的身体素质以及在不良劳动环境条件下的耐受力和适应能力，是经过特定的工作能力分析后所需具备的身体活动能力，包括重复性操作能力、背肌能承载静态力的能力、其他肌肉群能达到维持工作姿势要求的能力，以及人体对于湿热工作环境的忍耐等能力。

我们认为职业体能应包括一般职业体能和职业特殊体能两个方面。一般职业体能主要是指人体活动能力能满足执行日常职业工作而没有感到疲劳，并留有充足的活力去享受闲暇时间的各种休闲活动的能力。职业特殊体能主要指人体能满足职业工作特殊环境、特殊工作方式以及预防和矫正职业病的工作能力。

二　职业体能的分类

依据劳动和社会保障部认定的职业分类目录和教育部《普通高等学校高职高专教育指导性专业目录（实行）》，结合各职业岗位劳动（工作）时的主要身体姿态进行相对的分类，共分为五类，即静态坐姿类，主要是会计、文秘、行政办事员、IT 行业等；静态站姿类，主要是营业员、酒店前台接待等；流动工场操作类，主要是营销员、导游、记者等；工场操作姿态类，主要是机械、生产线操作工等；特殊岗位姿态类，主要是警察、空中乘务员、野外作业人员等。

三　强化职业体能的意义

社会职业的分工是社会发展的结果，是社会进步的标志。任何职业的工作都离不开人的良好体能作基础，也离不开良好的职业体能作保障。职业工作过程本身就是人体活动的过程，也正好发展和提高着与职业技能相关的职业体能，但职业工作本身并不是发展职业体能的主要手段，这是因为在劳动过程中体能要达到所需要的水平，需要靠年复一年的努力。此外，年轻人在提高适应工作阶段的职业体能水平时，常常需要付出一定的时间代价、成本代价，以致不能适应工作需要，导致他们从所选择的职业中改行，或者延误工作进度，造成损伤和残疾，甚至生命的代价。

（一）强化职业体能有助于有效提高体质健康水平

最近 20 多年来我国学生体质健康水平的持续下降直接影响到青少年一代的健康成长，直接影响到我国人才培养的质量，已经越来越引起党和国家领导人的高度重视及社会各界的强烈关注。作为以达到增强体质、增进健康和提高体育素养为主要目标的高职院校公共体育课程，以强化学生职业体能为突破口，在发展学生职业体能的同时也有助于全面提高学生体质健康水平。

（二）强化职业体能有助于职业技能的掌握和利用

作为培养适应于社会生产、建设、管理、服务等一线高素质人才的高等职业院校，培养学生专业技能水平诚然是开展职业工作的需要，但许多专业技能的掌握和利用，必须具有相应的职业体能作保障，譬如电工专业人员没有一定的攀高、平衡能力，就不能胜任电工高空操作，民航乘务专业人员没有具备平衡抗眩晕能力就不能胜任民航乘务服务。

（三）强化职业体能有助于缓解职业倦怠，提升工作质量

据《中国"工作倦怠指数"调查结果》显示，世界范围内普遍存在的工作倦怠现象正袭扰我国，职业人员出现工作倦怠现象的比率与职位、性别、学历、工作年限有很大关系，其中比例最高的工作人员为普通职工，女性明显高于男性，又以工作年限不足 4 年的比例最高。马特维也夫在《体育理论与方法》一书中曾明确提出："职业实用性身体训练水平是缩短掌握职业期限的因素之一，

同时也是对掌握职业工作质量的一种保证。"强化学生职业体能水平有助于提高职业工作的效果和在独立生产活动中保持良好的工作能力，提升工作效率、工作质量和工作寿命。

第三节　体能与职业体能的关系

　　体能是人体从事各项活动的基础，是生命健康的基础，也是职业体能赖以存在和发展的基础。职业体能是人体体能在职业活动中专门化、适应性的反映。一方面，人体体能水平与职业体能水平呈正相关关系，但不一定呈直线的相关关系；另一方面职业体能的水平一定需要相当的体能水平作保障。

　　众所周知，体育运动是发展体能和职业体能的最直接、最有效的发展手段和途径，体育锻炼对人的机体有着良好的影响，从事身体锻炼的人很少生病，对职业活动的适应比一般人快，能够态度明确、意志坚定地达到预期的目标，对职业工作的劳动强度、频度和抗疲劳能力具有较强的适应性和持续性。

　　但是，研究表明，一般身体训练水平与顺利适应职业需要和提高劳动生产率之间并不存在着直线的相关关系。譬如，一个工作了 10～15 年，年龄在 45～50 岁的车工，尽管身体训练水平不高，不会游泳，单杠引体向上做不了 3 次，短跑很费力，但他却能顺利地适应生产作业，而年轻人甚至等级运动员却可能退避三舍。同时，职业活动环境的特殊性、工作方式的特殊性也需要职业人具有职业特殊体能。譬如，渔业、水上交通从业人员必须具备一定的实用游泳和水上救护能力；林业、地质、考古、旅游从业人员必须具备一定的野外生存、攀爬、定向等特殊能力。

第二章　体能训练的结构和内容

•••● 第一节　体能训练的结构 ●•••

一　体能训练的定义及目的

体能训练是一种以发展机能潜力和与机能潜力有关的体能要素为目的的大负荷训练，是指人体在艰苦环境中，长时间、高强度、大负荷持续工作能力的训练。体能训练的目的是使体能运动参与者在塑造身体机能与身体形态结构当中得到提高，以优化身体素质，从而提高机体的运动能力和适应能力。

二　体能训练的系统结构

对体能训练系统结构的分析应从体能的基本概念入手：体能包括运动能力和机体适应能力。从体能的这两个组成部分出发，我们可以将体能训练分为运动能力训练和适应能力训练两个子系统。

基于以上分析，运动能力又可分为广义上的运动能力和狭义上的运动能力。其中，广义上的运动能力又称一般运动能力，包括走、跑、跳、投、攀、蹬、爬、跃等身体基本能力；狭义上的运动能力又称专项运动能力，包括与专项特征相符合的力量、速度、耐力、柔韧、灵敏和协调等运动能力。而机体的适应能力是指机体适应各种环境的能力，包括抗炎热能力、抗寒冷能力、抗时差能力、抗缺氧能力等各种机体适应力。具体如图 2-1 所示。

```
                         ┌──────────┐
                         │ 体能训练  │
                         └────┬─────┘
             ┌────────────────┴──────────────────┐
       ┌──────────┐                        ┌──────────────┐
       │ 运动能力训练 │                        │ 机体适应能力训练 │
       └────┬─────┘                        └──────┬───────┘
      ┌──────┴────────┐                            │
┌──────────────┐ ┌──────────────┐        ┌──────────────────┐
│ 一般运动能力训练 │ │ 专项运动能力训练 │        │ 适应炎热、寒冷、缺氧、 │
└──────┬───────┘ └──────┬───────┘        │ 逆时差等适应能力   │
       │                │                └──────────────────┘
┌──────────────┐ ┌──────────────────┐
│ 走、跑、跳、投、攀、│ │ 与专项特征相关的力   │
│ 蹬、爬、跃等一般运 │ │ 量速度耐力柔韧灵敏   │
│ 动能力        │ │ 和协调等运动能力    │
└──────────────┘ └──────────────────┘
```

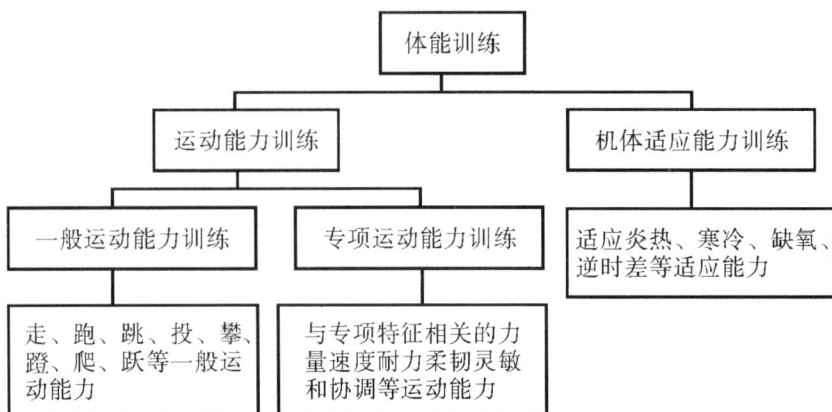

图 2-1　体能训练的系统结构

三　体能训练的对象

体能训练的对象包括一般人群的体能训练和专业运动员的体能训练。

对于一般人群的体能训练是以提高人们的运动兴趣或以改善人体健康状况为目的的体育活动。在实际操作中，主要是根据参与者的兴趣爱好和参与者的身体状况，采取适当的方法和手段，以满足该类人群的运动需要。

而对于专项运动员的体能训练就相对来说复杂得多，运动员的体能训练是一个长期复杂的训练过程，不同年龄段的运动员采用不同的训练负荷和手段，按照训练需要又分为不同训练周期等；按照训练的不同训练阶段和周期进行划分，又可把体能训练分为与专项相符的一般运动能力的训练、高负荷的专项体能提高的训练和贯穿始终的机体适应能力的训练。

四　体能训练的基本结构

在体能训练的基本结构中，所需要考虑的因素非常多样，具体包括体能训练的条件，所采用的主要的训练手段，训练时间的安排，支持性的训练手段，辅助性和配合性的训练手段，恢复和辅助恢复的方法，主要的训练小周期以及调整性训练小周期、中周期、大周期等。而在这些因素中，主要的训练手段、训练时间的安排以及主要训练小周期是其中较为关键的因素，以下就主要针对这三点因素简要分析。

（一）主要的训练手段

主要训练手段，是体能训练中的关键性要素。所采用的主要训练手段科学与否，对于体能训练的成效有着直接性的影响。在选择体能训练的主要训练手段时，一定要注意训练方向上的正确性和训练实践方法上的可行性、可控性及有效性。而符合如上要求的主要训练手段，一般来说往往具有如下特点：一是积极性，也就是说所采用的积极训练手段，应有助于促进运动员现实水平稳定态的破坏和目标水平稳定态的建构；二是可能性，也就是说，在运动员现有的基础上，这样的训练手段是其能够做得到的；三是可控性，即在运动员现有的基础上，这样的训练手段不但能够做得到，而且还能够有把握、有控制地完成，从而最大限度地避免过强应激等问题。

（二）训练时间的安排

在训练时间的安排上，最为关键的是主训练日。主训练日，实际上指的就是具有突破性的主训练课的训练日。在主训练日中，如果单次课所产生的作用，能够在一定程度上引发运动员整体系统稳定态的破坏，就能够取得相应的训练成效。而如果单次课的作用有效，并没有引发运动员整体系统稳定态的破坏，就需要在主训练日中，再根据需要有针对性地再次组织或者多次组织开展主训练课，以此来实现破坏运动员现有整体系统稳定性，达到促进其体能水平提高的目的。

（三）主训练小周期

主训练小周期，简单来说，就是实现运动员运动水平突破性进展的训练小周期，它既可以实现运动员的运动进步，又能够为运动员后续的训练周期奠定良好的基础。主训练小周期一般是由主训练日与恢复节奏和辅助恢复措施来构成的。短的主训练小周期，可以就是一个单个的主训练日，长的则可以有两天、三天或者是多天的时间。而在这些时间中，可以只有一个主训练日，也可以以连续或者分散的方式来安排两个或者多个主训练日。

●●●● 第二节　体能训练的内容 ●●●●

本节所讲体能训练是指针对上文中狭义上的运动能力（专项运动能力），即与专项特征相符合的柔韧、速度、灵敏、力量、耐力等运动能力而进行的训练。体能训练的内容主要包括柔韧性训练、速度训练、灵敏性训练、力量训练、耐力训练等。

一　柔韧性训练

柔韧性指的是关节活动度。当关节活动度大于完成项目技能所需的动作幅度时，运动员才会具备出色完成各种动作的能力。柔韧性的提升，依靠的是持续不断地针对不同肌群和关节进行静态和动态的拉伸练习。定期的拉伸运动可以提高运动员的力量、速度和跳跃高度。

（一）拉伸方法

拉伸练习是提高柔韧性的最佳方式。主要的拉伸方法包括静态拉伸、动态拉伸以及易化牵伸法。

1. 静态拉伸

拉伸至动作的最大活动限度后，保持该姿势静止一段时间。在进行静态柔韧性练习的整个过程中，运动员应当放松肌群，实现关节活动的最大幅度。

2. 动态拉伸

通过快速的摆动或主动发力以到达最大关节活动度。运动员不需要保持最后一个动作不动：以站姿开始，双臂举过头顶，双脚分开；然后，深蹲至最大限度，再回到起始姿势；重复该动作几次，每次尝试让膝关节屈曲达到最小角度。拉伸过程中，如果感觉到任何不适或疼痛，停止练习。

3. 易化牵伸法

运动员可先将关节拉伸至最大活动幅度，然后紧接一次对抗同伴阻力的短时静力性收缩。随后，运动员可以放松肌肉，停止对抗，在同伴的持续压力下伸展肢体超过之前的最大活动范围至更大的幅度。在运动员从关节的最大活动幅度恢复之后，可以再进行一次对抗同伴阻力的静力等长收缩。

（二）具体实践

实践方法主要包括深蹲站立体前屈拉伸、跪姿肩部拉伸、站姿小腿肌群拉伸——原地触墙、站姿小腿肌群拉伸——触墙屈踝、对侧体旋拉伸、脊柱伸展拉伸等。

1. 深蹲站立体前屈拉伸

拉伸部位：腘绳肌、髋关节。

拉伸步骤：①屈膝、屈髋，以全蹲姿立于地面，双手置于地面。②伸膝，保持双手始终置于地面。姿势保持 3~5 秒。③回到起始姿势。

2. 跪姿肩部拉伸

拉伸部位：肩关节、胸部。

拉伸步骤：①双膝跪地，双臂高举过头，屈髋向前伸展，使双臂贴向地面。②胸部向地面下压。姿势保持 4~6 秒。③回到起始姿势。重复 3~6 次。

3. 站姿小腿肌群拉伸——原地触墙

拉伸部位：小腿肌群。

拉伸步骤：①双脚并拢，面向墙壁站立。与墙面的距离应当保证屈膝时不会碰到墙壁。掌心在胸部的高度贴墙。②向墙壁方向屈曲踝关节和膝关节，但足跟不要离开地面。压力主要由踝关节承受。姿势保持 6~8 秒。③回到起始姿势。

4. 站姿小腿肌群拉伸——触墙屈踝

拉伸部位：小腿肌群。

拉伸步骤：①双脚并拢，面向墙壁站立，掌心在胸部的高度贴墙。移动至双脚尽可能远离墙壁。②膝关节微屈，在不提起足跟的情况下，使踝关节尽量背屈。姿势保持6~10秒。③回到起始姿势。

5. 对侧体旋拉伸

拉伸部位：肩关节、背部、腹股沟。

拉伸步骤：①四点支撑，以跪姿开始。②右腿向后伸的同时，左侧手臂向前方伸展。③回到起始姿势。④换对侧肢体，重复动作。⑤回到起始姿势。

6. 脊柱伸展拉伸

拉伸部位：躯干、腹股沟。

拉伸步骤：①俯卧，将腹部贴于地面。屈曲手臂，双手触地，与肩保持平行。②伸直手臂，将上半身推离地面的同时，保持髋关节贴于地面。姿势保持2~4秒。③屈曲手臂，上半身回到起始姿势。

二 速度训练

（一）速度训练的提高方法

速度训练中需要持续关注的一个问题是，如何让运动员学会在以主动肌收缩执行动作的同时，放松拮抗肌。首先，可以通过较低速度的重复性速度训练，让运动员专注于拮抗肌的放松。然后再逐渐提高动作速度，直至能够以最大速度完成相同的重复次数。

（二）具体实践

实践方法主要包括队列接力竞赛、狐狸与松鼠游戏、原地摆臂练习、前倾启动练习、高抬腿练习等。

1. 队列接力竞赛

练习重点：跑动姿态、速度。

练习步骤：①将队员分成两组或多组，每组8~10人。②所有队员依次纵向排列站在起跑线之后。指导教师发出指令后，排在队首的队员以最快的速度冲向距离起点 10 米处的标志桶。③绕过标志桶后，该队员折返跑回至起点，并且和本组的下一名队员击掌。下一名队员只有在击掌后才能开始跑动。④队员跑回起点后，直接排在本组的队尾。⑤最先完成接力赛的小组为优胜方。

2. 狐狸与松鼠游戏

训练重点：速度、反应时间。

练习步骤：①从队员中选出两人，分别指定为"狐狸"和"松鼠"两个角色。②其余队员两两搭档，相对站立，手臂相牵高举过头顶。他们的角色是"树木"，分散站立在场地当中。③扮演"狐狸"的队员需要在场内追逐并触碰到扮演"松鼠"的队员。"松鼠"躲避时，可以藏于扮演"树木"的两名队员之间。当"松鼠"进入"树木"之间时，处在他身后的"树木"队员成为"松鼠"。④游戏可以一直循环进行，直到每名队员都扮演过"狐狸"或"松鼠"。

3. 原地摆臂练习

训练重点：手臂主导、手臂协调性。

练习步骤：①双脚相距 15 厘米，分开站立。肘关节屈曲约 90°。②在不改变身体姿势和肘关节角度的前提下，前后摆动手臂。手臂上摆的高度与面部持平，不要耸肩。

4. 前倾启动练习

训练重点：前倾姿势下的快速加速能力。

练习步骤：①以站姿开始。②听到"各就位"后，移至出发点。③听到"预备"后，一侧脚后蹬，对侧手臂向前伸，双肘屈曲约 90°。身体应当保持轻微的前倾姿势。④听到"跑"后，前伸手臂迅速用力后摆的同时，后伸手臂向前、后蹬腿用力蹬地跨出第一步。

5. 高抬腿练习

训练重点：小腿、屈髋肌力量。

练习步骤：①步行中提起前腿的膝关节至水平面高度以上的同时，支撑腿开始提踵。②手臂屈曲 90°，配合腿部动作前后摆臂。③连续步行 20~25 米。

三 灵敏性训练

（一）灵敏性的要素

如果一名运动员能够快速变向或迅速改变他的动作模式，那么就可以被认为具有灵敏性。运动员高频率的脚步移动、快速的动作和反应速度，以及移动的时机和节奏，都是反应灵敏的要素。

（二）具体实践

灵敏性的训练方法主要包括对角线跳跃接冲刺跑练习、原地空中换腿跳、圆盘式灵敏练习等。

1. 对角线跳跃接冲刺跑练习

练习部位：三伸肌（小腿肌群——腓肠肌、比目鱼肌和胫骨前肌，膝伸肌——股四头肌，伸髋肌群——臀大肌）。

练习步骤：①在体育馆的地板或操场上，用胶带标示出或画出一条约3~4.5米长的线段。②在上述标记直线的长度范围内进行之字形跳跃（类似于回转滑雪模式），然后向前冲刺跑9~13.7米的距离。

2. 原地空中换腿跳

练习部位：三伸肌。

练习步骤：①以站姿开始，双腿前后分立。②进行垂直跳，双腿迅速在空中前后交换（如起跳时右腿在前、左腿在后；落地后右腿在后、左腿在前）。连续重复该跳跃方式。要注重向上跳跃的高度，尽量缩短落地后与地面的接触时间。

3. 圆盘式灵敏练习

练习部位：三伸肌，手臂、肩部（发展快速的手臂动作）。

练习步骤：①在地板或场地内用8个标志桶摆放成一个"圆盘"，每个标志桶距离圆心的距离为3~4.5米。②从圆心开始按顺序分别跑向每个标志桶，到达后再返回至圆心。③既可以触碰标志桶，也可以绕过标志桶完成整个绕环练习。④在进行快速变向及快速脚部动作时，应当着重练习肌肉的弹性。此练习相对简单，练习过程中应当具有较好的流畅性。所以，运动员进行练习时，面部肌肉应该放松（不要面露难色）。如果面部肌肉紧张，说明练习时略带局促，躯干和肩部肌群出现不必要的紧张。这种情况会降低腿部肌群收缩的有效性，最终削弱了练习过程中的灵敏性。

四 力量训练

（一）力量训练的意义

力量训练能够带来的益处有提高骨骼密度、自信心、力量、爆发力和速度，同时还可以燃烧更多热量，控制体重。除了能够提升运动表现，力量训练还可以降低运动损伤的概率，同时为保持积极的生活方式、保护机体免于疾病的侵扰奠定坚实的基础。

（二）具体实践

力量训练的方法主要包括俯卧单腿后向抬升、俯卧胸部抬升击掌、多人跳绳、仰卧卷腹练习等。

1. 俯卧单腿后向抬升

练习部位：伸髋肌群、脊柱肌肉。

练习步骤：①俯卧于地面，双臂向前伸展。②尽可能高地抬起左腿。③放下左腿的同时，尽可能高地抬起右腿。

2. 俯卧胸部抬升击掌

练习部位：下背部肌群。

练习步骤：①俯卧于地面，双臂向前伸展。②保持双臂伸展状态的同时，尽量抬升胸部，击掌2~3次。③放松躯干，将手臂放回地面。

3. 多人跳绳

练习部位：小腿、膝伸肌。

练习步骤：①两名队员分别手持长绳的两端，第三名队员以站姿开始，准备跳绳。②持绳者甩动长绳。位于中间的队员要跳起并避免触碰跳绳。③练习持续15~20秒之后，换下一名队员练习。

4.仰卧卷腹练习

练习部位：腹肌、屈髋肌。

练习步骤：①仰卧平躺，双手在胸前交叠膝关节微屈，全脚掌着地。②向前抬升躯干，肘关节触碰膝关节。整个过程中，足底始终紧贴地面。③放松，躯干缓慢着地。练习中要保持正确的姿态。

五 耐力训练

通常将身体维持长时间活动的能力称为耐力。对于那些必须长时间保持活力的运动项目而言，耐力至关重要。

（一）耐力的类型

耐力大体分为有氧和无氧耐力两种类型。在有氧耐力练习中，运动员始终在氧气供应充足的情况下运动；在无氧力练习中，运动员则是在高速动态且较短持续时间内完成动作，因此心脏没有充足的时间将氧气运输到肌肉以产生能量。

（二）耐力训练的意义

耐力训练对人体健康的益处非常显著。研究表明，耐力训练的量、强度与健康之间存在着剂量效应关系。中等强度的耐力训练可以改善心率、平衡血压并调节其他心脏健康指数。但是，当耐力训练的量与强度进一步增加时，其产生的积极作用并不会随之显著提升。

（三）具体实践

耐力训练的方法主要包括有氧技术跑练习、长距离步速感知练习、间隔跑动练习、10分钟三角跑动练习等。

1. 有氧技术跑练习

训练重点：跑步技巧。

练习步骤：①在长跑过程中，运动员抬头高姿跑，肩膀保持放松，双臂前后摆动，与腿部动作保持协调配合。②膝关节的主导动作和腿部交替摆动幅度要小于冲刺跑。脚部落地时，从足跟过渡到足尖，然后进入到一次新的蹬伸离地阶段。③在耐力跑中，对跑步的稳定性和步速的判断至关重要。

2. 长距离步速感知练习

训练重点：有氧耐力和步速判断。

练习步骤：①以稳定的动作节奏，匀速跑动 800 ~ 2000 米。②为了保证速度的稳定，对每一次重复练习进行计时，并给予每名运动员个性化的反馈。这将帮助运动员与自己的步速建立联系，并且可以提升运动员对步速、心律和呼吸频率变化的感知。确保在为运动员计时的过程中，不要营造竞争性环境。

3. 间隔跑动练习

训练重点：有氧和无氧耐力。

练习步骤：①在田径场或开放的场地上，中等匀速进行 200 ~ 400 米的重复跑动练习。专注良好的动作姿态，保持轻松和稳定的步速。②以相同的速度完成每次重复跑练习。③应保持中速（最大速度的 60%）跑动，不要加速。

4. 10 分钟三角跑动练习

训练重点：有氧耐力。

练习步骤：①将队员分成三组。每个小组从三角形的顶角出发。三角形一个边的路段为 50 米跑，三角形第二个边的路段为 40 米慢跑，最后一个边的路段为 30 米步行。②队员根据自己的能力，可以选择在三角形区域的三个路段进行步行、慢跑和快跑。③应当鼓励每名队员在自己舒适的步速下，完成 2 ~ 4 轮三角跑动训练。具有高水平有氧能力的运动员应当以更快的步速完成 4 轮跑动练习。④记录运动员完成路段（可以是 1 圈，也可是预定的圈数）的用时，以评估再测有氧代谢能力的提升幅度。每几圈或每一圈完成后，运动员应步行 2 ~ 3 分钟（即完成路段围成一个完整的三角形，则完成了一圈）。

第三节 高职学生职业体能训练

一 职业体能概述

职业体能是指与职业（劳动）有关的身体素质和心理素质以及在不良劳动环境条件下的耐受力和适应能力，是经过特定的工作能力分析后所需具备的身体活动能力，包括重复性操作能力、承载静态力的能力、肌肉群维持工作姿势要求的能力，以及人体对工作环境的忍耐程度等能力。

职业体能可分为与职业有关的身体素质和心理素质。

（一）与职业有关的身体素质

与职业有关的身体素质要素与体能的基本一致，但更加具体和有针对性。分别是：

1. 身体组成

人体是由脂肪及非脂肪组织（如肌肉、骨骼、水和其他脏器等）组成，保持理想体重对维持适当的身体组成具有重要意义。体重过重一般是因为体内囤积了过多的脂肪，而过多的脂肪易导致一些慢性疾病的发生，如糖尿病、高血压、动脉硬化及心肌梗死等。

2. 肌肉力量

肌肉力量是一块肌肉或肌肉群一次竭尽全力从事抵抗阻力的活动能力。所有身体活动均需要力量。肌肉强壮有助于预防关节的扭伤、肌肉的疼痛和身体的疲劳。如腹肌力量较差，往往会导致驼背。需注意的是：不应在强调某一肌肉群发展的同时而忽视另一肌肉群的发展，否则会影响身体的结构和形态。

3. 肌肉耐力

肌肉耐力指一块肌肉或肌肉群在一段时间内重复进行肌肉收缩的能力，与肌肉力量密切相关。肌力是肌肉所能产生的最大力量，肌耐力是肌力持续收缩的能力。良好的肌力与肌耐力可以维持正确的姿势并增进工作效率。肌力和肌耐力不好的人较容易产生肌肉疲劳与酸疼的现象。

4. 柔韧度

柔韧度是指关节的最大活动范围，是四肢和躯干充分伸展而不会感到疼痛感的一种能力。具有良好的柔韧度，肢体的活动范围较大，肌肉不易拉伤，关节也不易扭伤。若关节柔韧性不好，也会造成不良现象，如背疼及肩颈疼痛等。

5. 心肺功能

心肺功能即心肺耐力，是指人体的心脏、肺脏、血管、血液等组织的功能。它与氧气和营养物质的输送以及代谢物的清除有关，是国民体质测量中最重要的一项，是反映全身性运动持久能力的指标。拥有良好的心肺功能，能比别人更有效地完成日常活动，而不容易感到疲累。

6. 灵敏素质

灵敏素质是指在各种条件下，精确而协调地完成复杂动作的能力，亦指快速的应变能力。它是速度、力量和柔韧性等各种身体素质在特定条件的综合反映。灵敏素质良好的人，在面对各种纷繁复杂的局面时，能保持冷静的头脑、清晰的思维。在知识爆炸的时代，各种新的挑战、刺激接踵而来，灵敏度高的人更能适应这样的时代。

（二）与职业有关的心理素质

心理素质是指个体在心理过程、个性心理等方面所具有的基本特征和品质。它是人类在长期社会生活中形成的心理活动在个体身上的积淀，是一个人在思想和行为上表现出来的比较稳定的心理倾向、特征和能动性。

随着社会变革的深入、生活节奏的加快，以及竞争的日益激烈，每个人都必须面对现实，因而也必然要承受一定的心理压力。拥有良好心理素质的人，能保持平和的心态面对现实；能清楚地认识自我，正确地评价自我；在面对失败时，能积极地总结失败的原因，并从中吸取教训。

依据劳动和社会保障部认定的职业分类目录和教育部《普通高等学校高职高专教育指导性专业目录（试行）》，结合各职业岗位劳动（工作）时的主要身体姿态，可将职业岗位归为三大类身体劳动姿态（表2-1）。

表2-1　三大类身体劳动姿态及其对应岗位

分类	主要职业	对应高职专业
坐姿类	会计、文秘、行政办事员、IT行业	财经类、文秘类、管理类、计算机软件开发等
站姿类	营业员、酒店前厅接待、生产线操作工	食品生产、酒店、教育类、艺术类
变姿类	营销（推销）员，导游，记者，机械、机电、建筑类从业者	旅游、护理、市场营销、仓储物流、建筑、工程造价

二　不同岗位的职业体能训练

（一）坐姿类职业体能锻炼方法

随着社会生产水平的提高，现代社会的分工日益精细，许多工作岗位（尤其是以脑力劳动为主的）要求劳动者长时间保持一定的体位，或者少数几种体位。例如，财务工作人员、办公文秘及大部分办公室白领都以"长时间伏案"为主要工作方式。相关调查表明，该类型员工每个工作日的8小时劳动中，坐的时间可达6~7小时。坐姿是一种相对静态的动作姿势，静态姿势下长时间进行工作极容易引起机体许多功能和结构的改变，从而导致各种相应疾病的发生。

1. 坐姿类职业的生理负荷特征

（1）坐姿的解剖学特征

①头颈部

坐姿工作时，一般头部呈前俯或后仰姿势。肩颈部肌肉是支持颈部活动的基础，其中以斜方肌、胸锁乳突肌为主要的受力肌。斜方肌位于颈部和背部，呈扁平三角形，左右二肌合称斜方肌，主要控制颈部的前屈、后伸，头颈部若过分下垂或颈椎前屈，会使斜方肌处于紧张状态。胸锁乳突肌属于颈浅肌群，起于胸骨柄和锁骨的内侧 1/3 处，斜向后上方，止于乳突。其作用是两侧同时收缩，头向后仰；一侧收缩，头颈向同侧倾斜，面部转向对侧并向上仰。研究表明，坐位时，颈部肌肉受力与颈角大小有关，颈部受力随角度增大而增加，颈部损伤患病率随颈角增加而升高。坐位工作时，颈部保持在前倾角度 $0° \sim 10°$ 为适宜。

②胸部

坐位时，低头含胸，胸廓得不到充分的扩张。长期保持这种姿势，一方面影响肺的通气功能；另一方面使胸廓变形，造成驼背。

③背部

坐位时，人体一般呈弓起背部向前微倾状态。在该姿势下工作，脊椎骨角度和脊椎间盘的活动对背部所承受的压力是不均匀的。人体背部的伸肌在一天的运动中几乎没有主动用力的动作，大多数时间在被动拉长中，起着维持人体运动平衡和协调的作用。相对其他肌肉群，人体的背部肌肉相对工作时间最长，因此，所受疲劳是"首当其冲"的。这种疲劳容易引起小肌肉纤维损伤，从而造成背部的多种不良反应，如酸、胀、痛、麻等。

④腰部

人体在坐姿状态时，腰脊承受着上身的重量。腰肌和腹肌像一个夹板，保持一定的张力以稳定腰椎。工作姿势对腰肌受力有很大的影响。有研究表明，腰部受力与躯干角度大小关系密切，躯干角度小则受力小。一项研究表明，电脑操作者一般习惯将电脑屏幕置于右前方或左前方，导致工作时呈侧身或扭腰

第二章 体能训练的结构和内容

等不良姿势。为了维持身体平衡，腰部的某一处肌肉就需要特别用力，以致受力肌容易疲劳。

⑤手腕部

从事计算机行业或电子行业者由于其腕部需要经常重复用力活动或反复弯曲、伸展，参与活动的小肌肉群不足全身肌肉总量的 1/7，肌肉活动频率高于 15 次/分，操作键盘输入汉字时，手指击键高达 100 次/分钟以上，频繁收缩活动的小肌群能耗不高却容易疲劳，甚至在用力时直接压迫腕管内神经而导致腕管综合征。

⑥脊柱

人的脊柱由 33 块形状不规则的脊椎骨组成，按所在的位置不同分成颈椎、胸椎、腰椎、骶椎和尾椎。脊柱从侧面看，有 4 个生理弯曲：向前凸的颈椎、腰椎，向后凸的胸椎、骶椎。久坐会使上身体重长时间地压在脊椎骨骶端，不符合人体脊柱最佳受力状态。坐姿不良，脊柱两侧肌肉受力不均，导致脊柱某区域肌肉骨骼负荷过重，久之可能引起脊柱侧弯。此外，紧张的工作节奏，往往不由自主地就会塌腰，这不仅增加了腰椎的负担，破坏了脊柱正常的生理弯曲，使腰椎部位后凸，而且还阻碍了血液循环，从而引起腰部肌肉酸疼甚至引起腰椎病变。

（2）坐姿的生理学特征

①血液循环

血液循环的动力器官是心脏，而心脏位于胸腔中，故心脏向下输送营养物质和氧气时可借助地心引力的力量；但心脏以下部位的血液要返回心脏，因受地心引力的影响，静脉回心血流受阻。因此，久坐的人，下肢特别是足背会发生水肿，还会使直肠、肛管静脉回流受阻，静脉扩张而发生痔疮。同时，由于心脏需克服地心引力把血液泵入大脑，如果心脏功能不良，则脑血供应不畅通，容易出现头昏、眼花、嗜睡，使工作效率降低，失误率增加。久坐时，心脏工作量减少，长此下去可使心脏功能日益减退，心肌渐趋衰弱，血液循环减慢，导致血液在血管中淤积，为心肌梗死、高血压、冠心病等心血管疾病埋下隐患。世界卫生组织明确指出，久坐是促发冠心病的重要因素。医学专家调查发现，司机的冠心病发病率比售票员高30%。据研究，坐位时，人的心脏功能（心率、心输出量、每搏输出量）都处于相对较低的水平。

②肺通气功能

由于坐位伏案，胸廓得不到充分扩张，从而影响肺的通气功能。研究表明，坐位伏案对静息时通气量的影响不大，但是从提高体能和健康水平的角度出发，坐位伏案劳动（工作）的人应加强扩胸动作的练习，以利于肺的充分扩张，加强通气和换气的功能，使氧饱和度始终保持在96%~98%。

③骨骼肌

骨骼肌是维持各种姿势的基础。坐位姿势是一种静态姿势，维持坐位姿势的肌肉肌纤维长时间处于一定的静力性工作状态（即等长收缩状态）。虽然依靠中枢神经系统的调节，肌纤维的紧张活动可以交替进行，但这种调节交替是相对少而慢的。在坐位姿势劳动（工作）时，肌纤维的紧张性收缩也限制了肌肉的血液供应，以致肌肉获取的氧和营养物质相对减少，而肌肉的代谢废物也不易排出，久之就会引起肌肉僵硬、酸疼，甚至发生肌肉萎缩。坐姿工作2小时以上，即可产生肌肉疲劳感，使工作效率有所下降。所以，医学专家指出，坐1~2个小时起来走动10分钟，对身体有益。

④眼的负荷

在现代办公条件下，长时间对着电脑工作，眨眼次数明显减少（由日常每分钟22次左右锐减到4~5次），眼睛特别容易干涩。盯着电脑屏幕，其闪烁会使眼睛不断进行调节，睫状肌易疲劳。此外，电脑屏幕也是个强发光体，同时电脑页面内容繁多，使视觉负担过重，常常使眼睛发胀。眼睛长期超负荷工作，将会导致视力下降，发生眼部炎症（如角膜炎），同时还可以导致身心疲劳。

2. 坐姿类职业体能锻炼的方法

坐姿是一种静态姿势，维持该姿势的肌纤维长时间处于一定的静力性紧张状态，坐姿时腰背部肌肉是主要的受力肌。有目的地锻炼，可使机体各部位的主要受力肌群增强肌肉弹性，改善组织，促进血液循环，增强新陈代谢，防止或降低组织疲劳。针对坐姿类工作对体能的要求，应主要发展以下部位肌肉群。

（1）颈肩部肌群练习

①屈伸探肩

目的：主要发展胸锁乳突肌和斜方肌的力量。

动作方法：坐、立均可，上背挺直，双手叉腰，双眼正视前方。头缓缓地向左偏，努力接近左肩，保持6~8秒，还原；以相同的姿势反方向做，还原。

②肩绕环

目的：发展斜方肌的力量。

动作方法：坐、立均可，上背挺直，双手叉腰，双眼正视前方。双肩经前向后展，做以肩关节为中心的绕环动作。

③耸肩

目的：发展斜方肌和三角肌的力量。

动作方法：坐、立均可，上背挺直，双手叉腰，双眼正视前方。将双肩缓缓向上提拉，尽量超过下颌，缓慢还原。

④侧压颈屈伸

目的：增加颈肩部肌肉群柔韧性。

动作方法：坐、立均可，上背挺直，双眼正视前方。左手按住头左侧，右手扶右腰间，左手用力将头向右侧推压至与右肩部接触，持续数秒，缓慢还原成正位（右侧动作相同，方向相反）。

⑤前后颈部屈伸

目的：增加颈肩部肌肉群柔韧性。

动作方法：坐、立均可，上背挺直，双眼正视前方。双手抱头稍用力向前、后依次仰头和低头，持续数秒，缓慢还原成正位。

（2）腰背部肌群力量练习

①体后屈伸

目的：主要发展伸展躯干和伸髋的肌肉力量。

动作方法：俯卧在垫子或长凳上。以髋部支撑，脚固定，两臂前举连续做上体后屈伸动作或者保持上体屈伸6~8秒。

②俯卧两头起

目的：主要发展伸展躯干和伸髋的肌肉力量。

动作方法：俯卧在垫子或长凳上，两臂前伸，两腿并拢伸直。两臂和两腿同时向上抬起，腹部与坐垫成背弓，然后积极还原，连续练习。

③俯立划船

目的：主要发展背阔肌上、中部以及斜方肌、三角肌的力量。

动作方法：上体前屈近90°，抬头，正握杠铃。然后两手从垂直姿势开始，屈臂将杠铃拉近小腹后还原，再重新开始。上拉时注意肘靠近体侧，上体固定，不屈腕。

④坐式缩腿

目的：发展腹直肌等下腹部肌肉群。

动作方法：坐在凳边，两手向后撑在凳上，两腿向前直伸。屈膝缩起小腿到可能的最高点。彻底收缩腹直肌1秒钟，然后徐徐降落小腿，直到完全伸直。

（3）上臂及腕部肌群练习

①转腕

目的：主要发展前臂伸肌和屈肌及腕关节的力量。

动作方法：立正，双手持哑铃至于体前。手紧握哑铃以3秒钟一次的频率做转腕运动。

②屈伸小臂练习

目的：主要发展前臂伸肌和屈肌的力量。

动作方法：立正，双手持哑铃平举，掌心朝上。另一手微托持哑铃，手肘关节伸直，手紧握哑铃充分一次屈、伸小臂，每组15次。

③"8"字绕环

目的：主要发展背、肩筋肉群的力量。

动作方法：正坐状态，双手掐腰。头部横向做"8"字绕环运动。

（二）站姿类职业体能锻炼方法

现代社会分工精细，大部分工作的体位改变很少。教师、迎宾小姐、前厅接待、餐厅服务员、售货员、厨师、模特等职业岗位服务人员，均需要在工作期间长时间站立。站立姿势可以分为立正式站立（如士兵站岗）和任意式站立（如超市的收银员）。立正式站立是一种强度极大的静力性工作。而任意式站立，因在一定程度上可以活动身体某些部位，并有机会可以在较小范围内做一些移动性活动，所以相对于立正式站立而言，其静力负荷的强度较小。职场站姿绝大多数属于任意式站姿。

1. 站姿类职业的生理负荷特征

（1）站姿的解剖学特征

①腰腹部

自然站立时，躯干部位的重量经过腰椎向下传导，需要腰部肌肉力量予以支撑，才能保持腰椎的正常生理前凸。腹肌力量较弱的人，如肥胖者，特别是腹部肥胖者，由于大量脂肪组织在腹部堆积，肌肉组织相对较少，且较松弛，因此对腹部的支撑弱，进而加重了腰部肌肉的负荷，肚子越往前凸，腰部肌肉的负担便越大，久之，就可造成腰部肌肉紧张。

②脊椎

脊柱的负荷为某段以上的体重、肌肉张力和外在负重的总和。不同部位的脊柱节段承担着不同的负荷。由于腰椎处于脊柱的较低位，负荷相当大。当人体处于静态任意式站位时，因为要维持正常的站姿，即保持躯干的相对竖直，腰椎相对静态坐位时只能有很小程度的前屈或后伸，脊柱需保持自然弯曲度。挺腹而立是人们常见的站姿，此时腰椎处于后伸位，承受很大的压力负荷。据报道，站立时，腰部肌肉张力始终维持在 $64.2\sim113.8$ 牛，第三、四腰椎间盘的压力达到 $87.5\sim120.5$ 牛，而且得不到缓解，因此患下背痛的概率比较高，且随着工龄的延长，这种症状的出现频率也增高。另有研究表明，静态站位时的最佳姿势是适度前屈位，即在站直的前提下收小腹，通过骨盆与腹背肌肉的整体调整得以实现。

③下肢

人体维持某种姿势，均需要一定的肌张力。人体走动或站立时，小腿肌肉等张收缩以维持身体姿势并保持身体平衡。但长时间保持站立不动，下肢血液循环欠佳，导致下肢肿胀，甚至导致静脉曲张。人体在正常的站姿下，全身的体重均匀地从脊柱、骨盆传向下肢，再由下肢传至足，因此人类的双足具有负载体重的重要功能。另外，从解剖学观点来看，人体共有206块骨头，其中双脚占52块，俨然是全身的支柱。但在长时间站立工作以及过度负重状态下可诱发平足症。

（2）站姿劳动的生理学特征

①血液循环

站姿也是一种静力性工作，对血液循环的影响与坐姿相同。但因为维持站姿比维持坐姿肌肉的静力性紧张更大，即有更多的肌纤维处于静力性等长收缩状态，肌张力一般超过该肌肉最大随意收缩时的15%~20%。研究表明，一旦肌张力超过最大随意收缩的15%，很容易导致肌肉疲劳。

直立体位时，因血液重力的流体静力学作用，血液滞留在心脏水平以下的血管中，由于静脉血管壁薄而易于扩张，其容积大为增加，只留了大量的血液，致使静脉回血量下降。因此站立时间较长，血液回心受阻，容易出现下肢浮肿、趾关节炎和静脉曲张等症状。此外，心脏水平以上的颈、脑等部位由于长时间供血不足而出现头晕、头痛和乏力等症状。

②骨骼肌肉

人体的肌肉平时会保持一定的张力用以维持一定的身体姿态。长时间站姿工作容易造成大腿、小腿、腰背部和臀部等肌肉过度紧张，消耗大量的能量，产生大量乳酸，从而形成腰背部和下肢疲劳。

2. 站姿类职业体能锻炼的方法

从事站立型职业的劳动者，身体常处于站姿状态，对下肢力量与耐力要求较高，为此在体育锻炼中应以发展下肢和腰腹肌肉的力量为主，并练习一些形体操、健美操，使之形成合理的站立姿势与优美的形态。同时，可考虑开设野外生存训练、轮滑等项目，这对发展下肢和腰腹部力量、改善身体的平衡能力和灵敏素质具有良好的效果。

（1）下肢肌肉力量练习

①徒手深蹲

目的：主要发展大腿肌群和臀大肌的肌肉力量。

动作方法：原地站立，双手体侧屈臂上举，屈膝下蹲到大腿与地面平行或稍低，大腿和臀部用力，两脚蹬地使身体恢复到直立。重复练习一定的次数和组数。

②深蹲

目的：主要发展大腿肌群和臀大肌的肌肉力量。

动作方法：把杠铃担负在颈后肩上，屈膝下蹲到大腿与地面平行或稍低，大腿和臀部用力，两脚蹬地使身体恢复到直立。重复练习一定的次数和组数。

③弓箭步

目的：主要发展股四头肌、股二头肌和小腿肌群的力量。

动作方法：身体直立，左腿屈膝成弓箭步，右腿伸直，同时两手叉腰。还原后，交换腿连续做。

④踮脚跳跃

目的：主要发展小腿腓肠肌、比目鱼肌和股四头肌的力量。对提高身体平衡能力也有一定价值。

动作方法：两脚并拢站立，两膝微屈，两手叉腰，双脚前掌原地向上纵跳，膝盖伸直。下落时，先前脚掌着地，然后全脚掌着地，再踮脚起跳。

⑤原地跨步跳

目的：主要发展小腿腓肠肌、比目鱼肌和股二头肌的力量。

动作方法：两脚并拢站立，两膝微屈，呈立正状态。双脚前掌原地向上纵跳，同时两腿前头张开成跨步，膝盖伸直。下落时，两腿迅速回收呈立正状态。

（2）腰腹部肌肉力量练习

①仰卧起坐

目的：主要发展腹直肌力量。

动作方法：躺卧于垫子上，两小腿弯曲，两脚固定放于高处，双手交叉抱于头后。腹肌收缩使额头向膝部靠拢直至碰到膝盖。然后还原，重复此动作一定的次数和组数。

②坐姿蹬车

目的：主要发展腹直肌、髂腰肌的力量。

动作方法：坐于凳子上，背部紧贴扶手。双手放在体侧，手臂打开。将腿抬起，缓慢进行蹬自行车的动作。呼气，抬起上体，用右肘关节触碰左膝，保持姿势 2 秒钟，然后还原。再用左肘关节触碰右膝，同样保持 2 秒钟，然后慢慢回到开始姿势。

③直腿上举

目的：主要发展腹直肌、髂腰肌的力量。

动作方法：仰卧于垫子上，两腿并拢伸直，两手放于体侧。双腿直腿并拢靠腹部的力量将腿慢慢举起，保持躯干与大腿成 90°～120° 的夹角，静止 5～10 秒，然后还原。

④直腿提拉哑铃

目的：主要发展背腰肌、髂腰肌的力量。

动作方法：开步直立状态，向前俯身握住杠铃中部，向上提拉杠铃至直立状态，稍停顿，每组重复 8～10 次。

（3）上肢肌肉力量练习

①正握哑铃内屈臂提拉

目的：增强胸大肌、肱三头肌和三角肌的力量。

动作方法：双手持哑铃成立正姿态，掌心向内。双肩上提，两肘向外提拉，将哑铃提至腋下，缓慢下放还原。

②正握哑铃直臂前后摆动

目的：增强肱二头肌、肱三头肌和三角肌的力量。

动作方法：双手持哑铃站立，直臂前后摆动至前臂与地面平行，后臂后摆至最大幅度。左右手交替进行。

（4）肩部、腰腹部肌肉柔韧性练习

①反向压臂

目的：增强肱三头肌和背阔肌的柔韧性。

动作方法：双手体前平举，一侧手臂经体前直臂向异侧肩关节靠拢，同时另一手臂屈肘扣住小臂，用力向肩关节拉动，并紧扣对侧肩关节停顿 3 秒钟。

左、右依次进行。

②侧向倒肩

目的：增强肱侧腹部肌肉群的柔韧性。

动作方法：身体呈开步站立状态，向一侧水平倒肩，同侧手臂伸直接触膝关节外侧，停顿3秒钟，还原成立正状态。左、右依次进行。

（三）变姿类职业体能锻炼方法

变姿类职业从业人员，指的是静力性工作与动力性工作交替进行的人，所以这类人群劳动工作时的解剖学、生理学负荷特征与坐姿、站姿类职业有许多相同之处，但又并不完全等同。因为这类工作姿势变化没有一定的规律，有些工种（如园艺工作者）姿势变化频率快，肌肉交替休息不易疲劳；有些工种（如机械工）工作时需要一定静力紧张的负荷，因此肌肉一直处于紧张收缩的状态，很容易造成肌肉紧张、僵硬。变姿类职业工种繁多，因此要针对不同的工种进行区别分析。

1. 变姿类职业的生理负荷特征

变姿类岗位职工一般需要在高温、高湿、高寒、辐射和噪声等恶劣环境下工作，工业自动化程度相对低，体力消耗大，且存在不良姿势、过度用力和振动等诸多职业性疾患危险因素。因此，这类职业对人体健康提出了特殊要求：不但需要具备良好的心肺功能，同时也需要身体各部位具备良好的协调性和灵活性。这就要求选择运动项目或开展针对性的体能训练时，应考虑发展身体各部位的素质，使全身各部位都得到运动，以适应工作的需要。

2. 变姿类职业体能锻炼的方法

（1）增强心肺功能的练习

在现场作业时，要求心脏功能随工作强度的改变而适当地调整，以满足工作的需要。据对建筑工作现场的技术员心肺功能调研发现，有些员工在烈日下工作，常出现因心脏功能不能适应高温环境而昏厥的现象。因此，对室外工作的人员加强心肺功能的训练是必要的。在选择运动项目进行锻炼时，可考虑健美操、游泳、长跑、跳绳、越野、健身跑等项目。

（2）提高肌肉耐力的练习

肌肉耐力是肌肉长时间维持工作的能力。高抬举作业，如手举焊枪、紧固螺丝和打孔等，需要保持长时间的肌肉收缩状态。如果肌肉耐力不好，将导致肌肉供血不足，肌肉代谢废物不能及时排除，引起局部肌肉疲劳，工作效率降低，甚至出现工伤事故。提高肌肉耐力的练习应采用小负荷、重复多次的练习方法。

①负重侧平举

目的：增强三角肌和肱三头肌的力量。

动作方法：双手持哑铃成立正姿态，持哑铃同时向身体两侧张开至两臂与肩同高，掌心向下，缓慢下放还原。

②正、反握屈臂举

目的：增强胸大肌、肱二头肌和前臂肌肉的力量。

动作方法：双手持哑铃成立正姿态，外展臂使掌心向后（前）。双臂由提前屈臂至与肩同高，掌心向后（前），缓慢下放还原。

③仰卧后撑

目的：增强胸大肌、肱二头肌、三角肌和大圆肌肉的力量。

动作方法：身体仰卧，两手背后直臂撑于凳子或台阶上，两脚放于较低的地面，其他身体部位悬空。两肩放松，两臂慢慢屈肘，身体尽量下沉，稍停顿，两臂用力撑起身体还原。

④负重转腰

目的：增强腰腹肌和背部肌肉的力量。

动作方法：直立扛起哑铃，双手在身体两侧握住哑铃。依次向左、右方向水平转体至最大幅度，稍停顿，还原。

（3）提高平衡能力的练习

有效的平衡有赖于身体的柔韧性、躯干主要肌肉的力量，以及良好的肌肉协调性。这对于高空作业者，像高空建筑工、高层清洁工（蜘蛛人）等，是必须具备的能力。因此，在体能训练或运动项目选择时，应考虑发展稳定性、下肢肌肉静力性耐力、灵敏性的需要。

①直臂平衡

目的：增强小腿、后背和腹部主要肌肉工作的稳定性。

动作方法：由站立开始，右脚向前迈一步，上体前倾，左腿后上举高于头，抬头挺胸，两臂前平举成直臂平衡。做动作时支撑腿要伸直，两腿交替进行。

②静止搭桥

目的：增强后背和腹部主要肌肉工作的稳定性。

动作方法：屈腿平躺，脚着地，手臂放在体侧，脊柱位于中间位置，臀部、大腿和躯干肌肉用力提起骨盆，直到肩膀与膝盖连成直线，然后身体缓慢下降，还原。

③单脚抱膝站立

目的：初步训练在重心偏离常态时的身体平衡感。

动作方法：双手左右侧平举，身体正直，目视前方站稳。一只脚站立，另一只脚抬起，双手抱膝收至胸前，上身保持不动。换脚练习，并逐渐延长站立时间。

④仰卧三点式屈伸

目的：锻炼腹部肌肉群和背离重心时的平衡感。

动作方法：双腿屈膝坐于地面，双手提后侧支撑，身体稍后仰。顶腹提臀，依次将两腿向前方伸直，上体与地面平行，同时头后仰与身体成一直线状态。

⑤俯卧三点式屈伸

目的：锻炼腹部肌肉群和向心时的平衡感。

动作方法：双腿跪于地面，双手体前支撑，与地面垂直。上体与地面平行。展髋提臀，依次将两腿向后方伸直，身体与地面平行。

•••● 第四节　高职学生非智力因素拓展训练 ●•••

一　拓展训练概述

拓展训练又称外展训练、心理拓展训练，是指借助精心设计的特殊情境，以户外活动的形式让参与者进行体验，从中感悟出活动中蕴含的理念，通过反思获得知识改变行为，实现可趋向性目标的一种活动模式。

拓展训练起源于二战期间。哈恩博士是一名教育工作者，曾经执教于德国和英国的私立学校。哈恩博士首先实践了拓展训练的教育方法。二战结束后，"阿伯德威海上学校"的功能也随之退化。但是一些行为学家和教育家却从这所学校的训练模式里得到启发。他们认为，当人类进入工业化社会，很多管理者在面对飞快的工作节奏和复杂的人际关系时，往往会造成身心的重度压抑，从而给企业和个人带来很大的损失。于是在英国形成了以培训管理者和企业人为对象、以培训管理者的心理适应能力和管理技能为目标的学校。但是，真正将拓展训练推广开来却是美国的马萨诸塞州哈密尔顿维恩哈姆高中学校校长皮赫。皮赫将拓展训练的方法应用到学校教育中进行摸索，最终把拓展训练的方法与现存的学校制度结合起来，为教育开辟了新的思路和新的领域。皮赫聘请了许多拓展训练活动专家，开始研究并制订新的课程大纲。由于教师、专门职员和学校管理人员的广泛介入和支持，新的大纲得以更顺利地实行。拓展训练实践活动的大纲出台后，得到了世人的瞩目和高度的评价，1974 年拓展训练计划被"全美教育普及网络（NDN）"评选为优秀教育大纲。

1974 年以来，在美国高中课程大纲中一直沿用该计划的学校已达到 90%。1982 年，负责专门计划普及的工作人员从哈密尔顿维恩哈姆市的学校中独立出来，成立了非营利性的团体，开始拓展训练计划的普及工作。1979 年，美国的拓展训练专门机构为普及拓展训练开设了拓展训练讲习班，学习拓展训练教学大纲，培养学校的拓展训练专职人员和骨干。此后，又有2000余名心理指导者和养护教师受到了专门的训练。从此，拓展训练活动在社会上普及起来，拓展训练机构也如雨后春笋般发展起来。

拓展训练被引入我国是在20世纪90年代中期，当时只是作为团队训练的一种手段而存在。"拓展训练"一词是中国对这种体验式教育的本土化认知，是最早将其引入中国的"人众人"培训机构对它的命名。由于拓展训练在培训领域所带来的潜在价值和震撼性效果得到了广泛认可，在十余年的发展历程中，已由课程产品发展成为一种教育理念和学习模式，同时得到了学校教育系统的认可，并应用到许多相关的领域，成为中国户外体验式教育的主打品牌。

发展初期，我国的学校拓展训练主要是一些高校的成人培训班。后来，MBA正式接受了拓展训练，不过他们都是与校外的拓展训练学校联合授课。2002年在教育部的倡导下，拓展训练正式进入学校体育课程。北京大学最早将拓展训练作为一门专门课程，此后我国许多高校开展了不同形式的拓展训练课程，在学生中引起极大反响，深受学生们的喜爱。

拓展训练的所有项目都以体能活动为引导，引发出认知活动、情感活动、意志活动和交往活动，有明确的操作过程，要求学员全身心投入。拓展训练的项目都具有一定的难度，强调集体合作。表现在心理考验上，需要学员向自己的能力极限挑战，跨越极限，力图使每一名学员竭尽全力为集体争取荣誉，同时从集体中吸取巨大的力量和信心，在集体中显示个性。学员们在克服困难、顺利完成课程要求以后，能够体会到发自内心的胜利感和自豪感，获得人生难得的高峰体验。

二　拓展训练开展的理论与实践

（一）拓展训练的理论

拓展训练的理论过程是实践—认识—再实践—再认识的过程。在此过程中的理论要素主要有以下几项：

1. 明确的团队目标

在拓展训练中，目标的设定及有关的约定是团队有效发挥作用的重要因素，通过具体目标的约定会增大自己改变现状的决心。所谓"约定"包括了那些与身体安全和心理安全的原理和约束，也包括团队成员相应的权利与义务。如果能良好地进行目标的设定，每一个团队成员就能在活动中把握好自己团队的目标是什么，分解到自己的目标又是什么。而且参与自己目标设定的程度越深，就越能更积极地学习，还能降低推诿责任和临阵脱逃的可能性。通过设定目标，团队成员就不会拘泥于过去而更关注现在和将来，并逐渐养成为解决问题而制订计划的习惯。所以，在每一个项目开始之前，必须给受训学员一定的时间准备，这就是要他们明确目标、制订计划。

2. 团队成员间的信赖关系

信赖关系是团队成员相互依存、密切合作、保证团队凝聚力的基础。让受训学员参加各种项目，并在活动的状况下信任同伴，真实感受到当时在场人员的存在，通过身体的亲密接触建立起同伴之间的信任关系，在所有参加者中寻求一种信赖关系是拓展训练的显著特征。

3. 释放压力，挑战自我

在拓展训练中，对压力的有效处理方法，不是回避压力，而是挑战压力，采取面对困难的正确态度和设想好的结果可以体验到良性压力。良性压力是指生理上的平衡的压力，是有益于身心健康的压力。拓展训练内容中非常慎重地设定了一些看起来十分危险的、使参加者感觉到压力的活动。但这绝不是要追求惊险感觉的活动，而是要在建立了个人和团队的目标基础上，把困难状况下的压力转变为"良性压力"，通过个人与团队的共同努力，克服了一个个困难之后，体验到了由于达到目标而转化而来的强烈的成功感。这种成功的体验，是学会以积极的态度面对事物和困难的基础，培养出这种积极的态度就是拓展训练活动中最重要的因素之一。

4. 充分认识自身的潜能素质

在拓展训练中，高峰体验是累计进行着某种机能学习或进行某种活动的努力过程中所获得的最高体验。用通俗的说法,高峰体验就是拓展训练的参加者在活动中认识了自己、实现了自我的超越。在强化每个成员与团队之间联系的同时,高峰体验也成为最有效的途径与手段。综合高峰体验的效果与拓展训练的过程,可以发现拓展训练活动对人的认知乃至性格的改善都是有效果的。拓展训练中能否让受训学员感受到高峰体验,这也是拓展训练质量的一个评析点,也是拓展训练指导教师或拓展训练机构水平高低的一个衡量标准。

5. 形成幽默愉快的良好氛围

在拓展训练中,开展团队活动的时候具有幽默是很重要的。现代生活具有高速度、快节奏、强压力,人们常处于一种亚健康状态,心理压力需要缓释,心理郁结需要疏通。从培训角度讲,拓展训练就是要改变传统教育的方法,以幽默的方法来调节训练气氛,让拓展训练的参与者在轻松愉快的氛围中进行活动与学习。拓展训练的参与者在活动中忘却烦恼与压抑,在感受高峰体验的瞬间,获得战胜困难后的成功喜悦,通过自我实现,树立自己的自信心,从而使心理压力得以缓释,心理郁结得到疏通。

6. 解决问题是拓展训练的最终目的

拓展训练中每一个项目都会涉及解决问题。一般的应对方法是分析问题,然后寻找几个解决方法,然后从中挑选出最佳的对策,为行动的实施做好必要的准备。在拓展训练中参加者必须与团队同伴一起解决问题,特别是在解决困难时团队合作尤其重要。在解决问题的过程中,体验是很重要的。为了学习解决问题的技能,参加者就必须综合运用自己的身体、精神和情感因素,全身心地投入。拓展训练非常重视团队活动中的经验,通常在活动中会安排一些逐一掌握解决问题的技能的项目,让参加者从设置的活动中尝试新学到的技能,并在反复的尝试中培养解决问题的自信心。活动后参加者可以通过回顾团队活动进一步地分析学习方法,以便更扎实地掌握解决问题的技能,在以后的日常生活与学习中也能应用所学到的技能。

(二) 拓展训练的步骤

首先,训练是拓展训练关键的第一步。体验教育是拓展训练的专门术语,也是拓展训练活动中必不可少的内容和不可逾越的阶段。任何一个训练项目的开始都是学员在培训师的指导下去经历一种模拟的场景，去完成一项任务，并以观察、表达等行动的形式进行。这种初始的体验是整个过程的基础。拓展训练中所进行的各种活动都是体验型的实践活动，它可以与各种有不同理论背景的指导方法结合起来。

其次，学员在拓展训练中置身于模拟场景时，容易得到最真切的感受。这种感受是全方位的、印象深刻的。每一位学员由于自身认识水平有高低、认识问题的角度或切入点不一致，人们在活动的体验中会产生各种各样的看法。在这些不同看法的影响下，活动的结果有可能是成功，也有可能是失败。没有必要强调活动的成功与失败，但要引导受训学员从失败逐渐走向成功，要通过"成功"活动的体验，让人们有亲身感受，获得第一手资料，这是认识的初级阶段。而这正是拓展训练活动的魅力所在，也是拓展训练活动能够适应多种实用性问题和多种现实需要的主要原因。这一阶段中，受训学员可以充分表现，拓展训练指导教师只是根据事先规定好的规则，把握和控制活动进行的时间和节奏。

再次为分享。主要是采用回顾的方式进行信息的交流，让学员把自己的看法、感受与同伴分享。通过分享与交流使众人掌握较为全面的信息，从而对事物的认识有一个较清晰的轮廓。学员在拓展训练中多动脑、勤思考，就会获得亲身的体验与感受。在一个团队中，每个人都把自己的感受说出来与同伴分享，这样，每个人都会从他人的回顾中得到数倍的经验，这也是拓展训练的一大魅力所在。在这个过程中，拓展训练指导教师会鼓励学员积极地发言，灵活运用提问等技巧引导大家的思维在原有观点的基础上更进一步，群策群力，使众人的观点向着正确的方向前进。

最后是总结与应用。通过分享，对拓展训练的体会有了初步的认识，这时就需要把人们已获得的感性认识上升到一定的理论高度。拓展训练指导教师就要根据大家讨论的结果，结合相关的理论知识进行归纳总结，把学员的认识从感性认识提高到理性认识。此时，作为拓展训练的指导教师就应按拓展训练预定的培训目的进行讲解和点评。特别需要注意的是，拓展指导教师对受训学员的表现和认识程度的肯定性评价与他们的感情或感觉有着很深的关系。人们由于自身价值得到认可，并通过活动提高了自己的自尊感情，往往可以激发个人潜能，形成良好的团队心理气氛，使团队凝聚力得以增强。这一阶段是将受训学员的体验上升为理论，即从感性认识到理性认识飞跃的过程。此过程中，指导教师重新突出了自己的主导地位，是活动的灵魂和核心。点评结束并不是活动的终结。要启发学员将拓展训练中所获得的经历体验和理论认识放回到实践中去检验与应用，这才是训练的最终目的，这也是拓展训练的延伸。这个过程是完成认识从实践中来，最终用来指导实践的循环上升的过程，是在培训之后的生活和工作中由学员自己实现的。这也是拓展训练的终极意义所在。

（三）拓展训练的实践操作

1. 准备工作

要实现拓展训练活动的目标，必须有出色的提案书并有效地实施计划。而制订好的实施计划，就需要了解学员的基本情况。

（1）计划书的制作

训练的设施等条件具备后，还必须制订计划决定一些事项，最好以计划书的形式把它具体化、书面化，因为通过写计划书可以进一步发现问题。制订计划书时，必须考虑以下几点：

①准备理论根据。解决什么样的问题和设立什么样的设施，要有明确的而且有说服力的理论根据。

②目标。拓展训练中的各个小组的具体目标是否明确、目标是否可以实现、是否具有目标进展情况的评估方法都是要充分思考的问题。

③时间上的具体安排。训练日程表、训练时间的长短、小组活动的持续时间、经费预算和用地、设施的确保等问题。根据需要还要考虑训练所必需的保健和饮食的计划等。

④指导体系和训练计划。要考虑训练计划及其所必需的预算；要考虑担任小组指导的教师是否具备足够的经验和能力；还要考虑实施计划过程中的专家指导意见以及相应的条件是否已经具备。

⑤评价。回顾和分享达到训练目标的具体评价方法，有没有设置有关的讨论。

计划的概要做好以后，还要不断充实和完善，然后要进行检验，可以先在计划的框架范围内进行一下活动看看效果。另外还要从多方面收集尽可能多的有用材料，例如准备在拓展训练中作为参考的幻灯片、录像带、光盘等。

（2）内部的协调

在充实、完善计划的同时，还要注意与其他部门加强协调。为了确保计划的万无一失，拓展训练各部门必须紧密团结在一起，相互帮助，相互支持，以高效的团队形象为受训学员作出表率。

（3）教师的指导

虽然在拓展训练中学员是训练的主体，居于主导地位，但指导教师的能力和意愿以及指导经验和指导技巧，也是决定计划成败的关键。在拓展训练中，技能技巧是可以教授的，经验却是不能教授的，经验是一种积累。在拓展训练中，要安排技巧的学习和经验的讲习会，这就是常说的回顾与分享。教师的指导技能的确是特定的拓展训练活动中所不可缺少的要素，教师要从各个不同的角度致力于个人问题的解决，让每个受训学员都能在敞开心扉后热衷于各种课题的体验，这种体验会给小组带来生机勃勃的人际关系。指导教师还应能够留心不断挑战新的体验，这并不仅仅是学习新的技能，也可以通过进一步积累经验，再次确认教授给受训学员的拓展训练活动的基本要领。要开展好拓展训练，要求指导教师必须要有较高的思想素质、身体素质和知识素质，要求指导教师必须熟练掌握培训的基本技巧，而且必须知道：高度的自信奠定培训的心理基础；清晰的目标指引培训成功的方向；严格的管理保证培训的纪律原则；热情的关心体现培训的人文精神；创造与创新展现培训的基本宗旨；分享与点评突出培训的收获成果。

2. 实践操作

拓展训练是在一定理论指导下的实践过程。在此过程中应根据体验式学习和人的认识规律一个环节一个环节地进行，努力做到前后连贯，环环相扣，同时还必须突出拓展训练的特点和独特的魅力。

（1）拓展训练的基本环节

①团队热身。在培训开始时，团队热身活动将有助于加深学员之间的相互了解，消除紧张，建立团队，以便轻松愉悦地投入到各项培训活动中去。

②个人项目。本着心理挑战最大、体能冒险最小的原则设计，每项活动对受训者的心理承受力都是一次极大的考验。

③团队项目。以改善受训者的合作意识和受训集体的团队精神为目标，通过复杂而艰巨的活动项目，促进学员之间的相互信任、理解、默契和配合。

④回顾总结。帮助学员消化、整理、提升训练中的体验，以便达到活动的具体目的；使学员将培训的收获迁移到工作中去，以实现整体培训目标。

（2）训练形式

拓展训练的课程主要由场地、野外和水上三类课程组成。场地课程是在专门的训练场地上，利用各种训练设施，如高架绳网等，开展各种团队组合课程及攀岩、跳越等心理训练活动；野外课程包括远足露营、攀岩速降、野外定向、户外生存、伞翼滑翔等；水上课程包括游泳、跳水、扎筏、漂流等。通过精心设计的活动达到"磨炼意志、陶冶情操、完善人格、熔炼团队"的培训目的。

（3）安全保护

在拓展训练中，常常会有一些户外极限项目或专门场地上的高空索架等对体能和心理承受能力要求比较高的项目，为了避免学员受伤，在进行这些项目前，拓展训练指导教师组织热身活动是必不可少的。在进行高架绳网类项目的时候，安全保护师的责任尤其重大。训练项目开始前保护师要认真检查绳网等器材设备，按规范打好各种保护绳结，最好自己先试一试是否安全可靠。在训练项目进行中，保护师一定要自始至终集中精力、全神贯注，不能有任何的疏忽闪失。拓展训练项目结束后，撤除保护装置也不能掉以轻心。树立安全防范意识，按照规范操作的安全保护是保证拓展训练成功的重要因素。

第二篇 职业导向实用体育

第三章　职业导向实用体育概述

●●● 第一节　职业导向实用体育的定义 ●●●

一　职业导向实用体育的概念

职业导向实用性体育，是在原普通体育课教学的内容、形式、功能和一般身体素质练习的基础上，专门结合职业工作特点而开设的，与职业岗位知识、素质及技能相关的，突出职业导向实用性需要的特色体育教学或专门的职业运动训练。它是依据某职业工作岗位需要的身体素质、运动技能，以及工作形式、条件、性质、特点或工作姿势等，规划与设计突出实践性的职业导向实用性体育的教学内容和方法，传授消除职业身心疲劳，防治职业病，增进身心健康的职业导向实用体育知识与方法，培养职业需要的身体素质、运动技术技能和勇敢顽强的意志品质而进行积极、有效的体育教学与训练的过程。

二　基于职业素质培养的高职院校体育教学改革

近年来，在中共中央、国务院及教育部颁布的一系列大力发展职业教育的方针、政策背景下，我国的高职教育已进入快速发展时期。然而，高职学校的体育课程的现实状况却面临着较大的挑战，高职学校体育课程要寻求突破，职业导向实用性体育课程的开发必将进入改革的视野。目前我国高职学校开设的体育课均以竞技运动项目为主要内容，没有考虑学生未来职业工作的需要，缺乏职业导向实用性体育内容。因此，我国高职教育可以借鉴欧美高职教育理念：重视学生职业导向实用性身体素质的培养，并把它列入高职学校体育课教学的重要内容之一。由此可见，根据学生的专业不同，将进入不同的工作岗位，高职学校的体育教学应当与技能训练结合起来，突显职业导向的实用性。

（一）基于职业素质培养的高职院校体育教学改革的重要性

1. 有利于学生养成良好的职业合作态度

在高职教学过程中，通过体育教学，能够使学生在足球、排球、乒乓球等团体项目中，感受到团结协作的作用。因为高职体育教学和其他阶段的体育教学并不相同，它涉及很多体育游戏、体育竞赛和体育项目，这对提高学生的应变能力具有重要的作用。同时，学生所具有的较强的学习能力，既能够使学生的学习意识和职业能力相互融合，又能够进一步提升学生的团队合作精神，使学生在高职体育教学中，感受到集体团结的力量。要组织学生积极参与到教学任务和体育活动之中，不但能提高学生的合作意识，还能使他们能够适应现代社会体系下职业合作的发展现状。

2. 有利于学生具有深厚的职业涵养

在职业素质教学中，职业涵养包括"文化素养""道德素养"等多个方面，是人们在长期的学习和实践中所达到的教学和实践。通过高职体育课程的融入，能够对学生的各项能力和基本素养进行充分的引导，从职业道德、沟通意识、协调组织能力、敬业精神等方面，满足高职教育"职业性"的教育内涵。使学生能够在体育项目中，保持深厚的职业素养，能及时满足社会、职场市场的不断发展，更好地面对未来的学习发展和就业变化。

（二）基于职业素质培养的高职院校体育教学改革的具体举措

1. 更新高职体育教学教育理念

为适应当前高职体育教学的发展趋势，更新高职体育教学的教育理念势在必行。以往的高职体育教学认为可能仅仅让学生自由活动，打打球或者跑跑步就能完成任务。但是，为了适应现在的教学改革，高职体育教学应该让学生在玩的过程中能够学会一些精神或者一些技能。因此，在高职体育教学中体育教师应该改变之前的教育理念，在教学课堂中设置一些能体现职业素养培养的项目，以职业素养培养为导向的教育理念也应该在高职体育教学的教师中普及起来。同时，体育教师应根据时代的要求，不断更新教育理念，发展形成与时代相结合的体育教学。例如，对于机电一体化、电气设备配置专业的学生，因为该专业以男性居多，在实际的过程中，需要较强的体能。所以教师要着重在体能训练上下足功夫，注重培养学生的耐力、平衡力。可通过体操、动感单车、长跑、竞走等运动，提高他们的身体素养。而对于土木工程类、艺术设计类学生，要结合学生长期伏案画图的职业特点，组织他们多开展一些体操、羽毛球等活动，使他们能够具备较强的反应能力，提高腰颈肩的承受能力。对于学前教育、文秘、财会类职业学生，因为他们的工作涉及较多的耐性和注意力，因此在实际的工作，体育教师可通过高尔夫、棒球等活动，增进他们的肩部、背部力量，使学生能够更好地迎接未来的工作。

2. 树立通过高职体育教要学培养学生职业素养的意识

树立通过高职体育教学培养职业素养意识，是提高学生社会适应能力，帮助学生自我完善和自我发展的重要渠道。体育教师全体应树立职业素养培养意识，在教学课堂中不断渗透职业素养的培养。只有教师首先具备这样的意识，才能够在日常的教学中向学生传授这种意识，让学生能够在日常学习和生活中接受熏陶，慢慢形成正确的职业素养。日常与学生的交往中教师起到榜样作用，可以从平时的课堂出发，例如活动设置、事例讲解等，由此一步步地向学生传递职业素养精神。

3. 根据学生实际制订教学计划

教学计划的制订不能够离开学生，因此根据学生实际制订教学计划，体现了教学计划的可行性和个性化。学生主体具有不一样的特性，每个学生的情况都不一样，所以教学计划应该与学生的实际相结合，而不能够脱离学生制订教学计划。教学计划是对教学课堂的指导，在开始一节课的时候，教师往往需要先做教学计划，从而对课堂进行更好的管理。教学计划应从学生出发，同时结合职业素养培养的意识，做好体育课堂的教学计划，让学生在体育课堂中能够一边锻炼身体一边培养职业素养。

4. 改革课程体系

基于职业素养培养的高职体育教学改革，应从高职体育的课程体系改革入手。之前体育课程的设置是以项目为主线，这样的设置无可厚非。以职业素养培养为目标的体育课程，可在此基础上，加入一些能够培养职业素养的活动，例如羽毛球课程，可以设置一些双人比赛等项目，这样能够培养学生的合作意识、协调意识，完成课堂教学的同时，培养了学生的职业素养。将培养学生的职业素养与体育课堂结合在一起，符合当今教育发展的趋势，体现了现代教学的特点。可以校本教材为辅助，编写贴近职业院校特色的课程。在进行高职院校素质教育的过程中，教师要树立有针对性的体育教学理念，进一步培养学生"终身体育"的学习意识。例如在高职第一学期的体育教材设计上，教师可以以基础选修学科为主，通过球类、体能训练等课程，使学生能够实现从高中体育到高职体育的过渡，促进学生的综合素质，进一步激发学生的学习兴趣。而在第二、三学期的课程之中，要充分引导学生进行专项选题，从耐力训练、强度训练、柔韧度训练等方面，开展专项计划，使学生在不同的项目的中感受体育教学改革的意义。

5. 增加教学手段的多样性

为了让学生能够更好地培养职业素养，体育教师应从教学手段入手，增加教学手段的多样性，这样既能够增加课堂的趣味性，提高学生的参与积极性，同时也能够渗透相关的行为习惯、工作态度等，为培养学生的职业素养提供较好的教育渠道。增加教学手段的多样性可以从整体的课堂入手，例如在课堂中设置一些竞赛活动，让学生积极参与，学生在竞争的过程中可以培养良好的竞争意识、合作意识等，这种寓教于乐的教学方法也是现代教育发展的一大趋势。

6. 加强心理教育引导，增进高职院校大学生的职业体能

所谓职业体能，指的就是职业工作者在行业进程中，直接或间接形成的对疲劳的抵御能力，职业体能是职业工作者在工作过程中必须要具备的一种基本要素，也是衡量职业劳动者工作能力的重要标准。高职院校要通过系统化、科学化、创新化的的体育教育内容，开展一系列丰富多彩的教学活动，有效提高学生的身体素质和运动技能，为高职学生在未来的职业教育中所具备的抗疲劳能力、抗重压能力奠定基础。

三　构建职业体能训练模式的策略

（一）加强专业课内容与体育课活动内容的联系

对学生职业体能的锻炼加强要求高职院校体育教师不仅要将教学任务定位于课内教学，要充分地利用学生时间与实践活动的机会，强化学生职业体能锻炼意识，不断通过专业课内容与体能锻炼内容的结合，利用体育课强化学生的职业体能能力。例如，在乒乓球练习过程中，学生需要反复练习发球，这一单纯的机械化练习动作，与学生从事工业生产活动的形式极为相似，学生需要具备耐力，能够在长时间内单纯地重复某项相同动作，并掌握动作的技术要点，提升工作质量。所以，利用乒乓球运动可以锻炼学生肌肉的耐力与灵活性，以便适应日后工作的强度。

（二）充分利用体育社团对学生职业体能的训练进行指导

学校在办学过程中，积极响应国家号召，强化对学生身体素质的锻炼，所以，在学校团委、学工部等多个部门的联合下创建了体育社团，引导学生树立体育锻炼意识，而社团活动通常是在学生课余时间开展，这就充分地利用了学生的课余时间。体育教师应抓住这个机会，与体育社团负责人合作，将职业体能训练内容与社团活动相结合。例如，体育社团组织学生进行景区垃圾清理活动，这项活动不仅为社会发展做出了贡献，保护了自然环境，还锻炼了学生的体能，学生在清理景区垃圾时需要长时间处于移动状态，而且涉及爬山等锻炼体能的运动。另外，在体育社团日常活动中，可以组织一些竞技类的比赛活动，调动学生参与体育锻炼的积极性，并在活动中强化其体能。例如，召集各个学院组织学生展开篮球赛、武术比赛、野外露营等活动。但是社团活动的开展需要大量经费的支持，学校为了实现对学生体能的锻炼，应通过对社团的专业化管理，保障每项经费的落实，并加大经费投入力度，使社团在强化学生体能锻炼中能够充分发挥作用。

（三）利用早训的阳光体育长跑活动渗透职业体能训练内容

许多高职院校响应国家号召，在早训环节开展阳光体育长跑活动，利用长跑锻炼学生的体能。但是从开展这项活动的情况来看，学生理解与认可度并不高，很多学生认为早训打扰了睡觉，使一天的精神状态都不好，在课堂上经常出现打瞌睡的情况，所以，适当地调整早训内容，以学生更喜欢的一种方式进行长跑，提升学生的积极性。例如，各个学校可以组织长跑比赛活动，改变长跑活动场地，以班级为单位自由长跑，并利用信息化软件对长跑线路进行总结，这样使早训时间充满了欢乐，学生也会更积极地加入长跑中，久而久之，养成了锻炼的习惯。

（四）丰富校企合作内容，强化学生职业体能水平

传统的校企活动一直将重点放在对学生专业素养与技术能力的培养上，对于学生职业体能的锻炼少之又少。所以，在从业岗位对学生职业体能提出要求后，学校应转变校企合作方式，在培养学生专业能力基础上，要适当地结合学生职业体能锻炼的相关内容。例如，在校企合作中，学生到企业单位实习，培训人员要适当地渗透岗位对学生职业体能的要求，并让学生在工作中有切实的体会；并且由学校总结实习经验，对高职院校学生的培养方案进行调整；另外，也可以聘请企业到学校为学生进行专业的指导，使学生提高对职业体能锻炼的重视，增强体能锻炼的主动性与积极性。

四 专业职业体能教学模式

根据国家相关文件的规定，以职业岗位劳动时间、行业特点、工作环境为划分依据，高职院校学生的从业岗位主要有5种身体姿态：

（1）金融服务类、理财顾问、财务人员等岗位，长时间处于坐姿，从业高强度脑力劳动；

（2）程序员、软件技术从业人员、通信设备维护人员，技术性服务，长时间熬夜与动态移动；

（3）管理类岗位，如大堂经理、翻译、导游等，既需要动态活动也需要从事高强度的脑力劳动；

（4）贸易服务类，如快递员、导购员，需要长时间站立或移动；

（5）土建工程类从业人员，体力强度较大。

从不同的岗位可以看出，每个岗位不仅对从业人员的专业素质与职业素养有所要求，对从业人员的体能也有着一定程度的要求。所以，在构建教学体系中，要求清楚学生未来从业行业提出的体能要求，有效地将课堂教学内容拓展到课外，实现与体育教学的结合，全面培养学生的职业体能能力。

●●●● 第二节　职业导向实用体育教育的相关界定 ●●●●

职业导向实用性体育教育是通过对学生体育需求进行科学评估，在青少年学生选择体育锻炼时，把着眼点放在发展未来职业工作所需要的身体素质和基本活动能力方面。在充分利用体育资源基础上，教师的教学设计以促进学生健康为主要目标。

职业导向实用性体育课程是职业导向实用性体育教育思想的具体反映和体现，是指以培养"准职业人"（学生）所学专业、在今后可能从事的第一职业岗位所需要的职业工作综合能力为目的，以培养和完善从事职业岗位所需要的综合职业素质、终身体育锻炼能力、职业特殊身体素质为教学目标而进行有计划、有目的的教育内容的总和。

通过对"职业导向实用性体育教育""职业导向实用性体育课程"概念的分析可见，职业导向实用性体育教学是"以校为本，以生为本"为理念，让课程真正地适应社会改革以及社会化大生产大分工带来的工作环境的复杂性、职业的多样性和工业革命带来的生产技术的高智能性、高强度性的需要，通过体育锻炼，有助于更好、更快地掌握本职业的专业技术，提高对职业环境的适应能力，以满足未来工作的需要。因此，结合高职学校教育的特点，在具体的高职学校环境中，高职学校职业导向实用性体育课程开发的内涵不仅指结合专业特点进行的体能培养、职业素质和技能的教育，而且延伸到为了丰富校园生活和满足学生的特殊教育需要而自主开发的、学校特有的体育课程内容。

第四章 职业导向实用体育教育的目的与意义

第一节 高职职业导向实用体育教育的目的与任务

一 高职体育的目的

随着社会经济的快速发展，国务院《关于大力发展职业教育的决定》的实施加快了高职院校教学改革和新课程设置的步伐。高职院校体育教学的总目标是由新时期对人才的新要求决定的。高职院校体育教育的目标是：增强学生体质，促进学生身心的和谐发展，培养学生从事体育运动的爱好、习惯和能力，为终身体育奠定良好的基础；培养学生较强的运动能力和良好的思想品质，使其成为具有现代精神的德、智、体、美、劳全面发展的社会主义建设者和接班人。对于高职学校的毕业生来说，健康的身体不仅是完成学习任务的保证，更是胜任工作的基础。

二 高职体育的任务

围绕这一总体目标，高职院校体育教育必须通过教学任务来完成。具体而言，高职体育教育的任务有以下：

（1）掌握体育及卫生保健方面的基本知识、技术和技能，使学生积极、自觉参加体育运动和锻炼，提高体育文化素质，为终身体育奠定良好的基础。

（2）培养良好的思想品德和提高道德素养。通过体育运动的具体过程来加强学生的思想品德教育，以提高学生的道德素养。

（3）发展体育才能，促进体育普及，提高技术水平。对部分体育基础较好的、有一定运动才能的学生进行有计划的课余运动训练。按照教育和体育的规律，充分利用学校的有利条件和学生在智能和体能上的优势，重视学生的心理和心理特性，坚持科学训练，以提高学生的运动技能水平。

高职院校人才培养具备其自身特点和要求，体育教学也应有与其相适应的教学内容，在教学过程中针对不同的专业要有目的地增强相关内容，使学生具有较强的专业适应能力。

•••● 第二节　高职职业导向实用体育教育的意义　●•••

高职体育教育要重视把思想教育、道德教育、集体主义与文化修养教育融入体育教学之中，并结合体育运动的特征培养学生顽强的意志和勇于斗争、敢于斗争的作风以及力争胜利的精神。具体来说，高职体育教育有以下重要意义：

一　激发学生兴趣，培养学生终身体育锻炼的习惯

体育习惯的养成是兴趣—爱好—习惯的一个过程。兴趣是人的一种个性心理特征，也是学生参与体育活动的内在动力。学生只有热爱体育，其学习的热情和持久力才会提高，也才会成为未来真正的"体育人口"。依据这一点，我们应形成以基于学生个体兴趣为主的高职院校体育课程体系。

二　提高学生的就业能力

高职教育是为国民经济的发展服务的职业教育，其人才培养模式是多元化的，是以市场为导向，以服务社会为目标，主动适应新兴工业、行业发展的需求，帮助学生快速成才和获得各项技能，满足社会经济发展的需要。因此，高职学校职业实用性体育课程开发则是确保教育目的得到实现，满足学生身心发展的各种需要。目前，我国的高职学校已初步形成了"2+1"的职业教育模式，据跟踪调查，一年的"顶岗实习"中，学生们普遍认为企业的劳动强度让他（她）们在身心上感到比较吃力。可见，高职学校的学生由于职业特点的需要，要比普通高中的学生对体能的需求更大或更直接。这一方面说明一些企业的劳动强度对学生的职业体能、职业特殊身体素质和综合素质要求比较高，另一方面也反映出目前高职学校在校生的职业工作综合能力现状令人担忧。因此，高职学校职业实用性体育课程开发的目的就是更好地帮助学生增强职业体能、职

业特殊身体素质和综合职业素质，达到职业教育岗前培训的目的，提高学生的就业能力。

三 形成专业和体育一体化的特色教育

高职体育课应当以树立"健康第一"为指导思想，以养成良好的锻炼身体习惯、培养终身体育意识为目标。教师在课程设置方面应当充分利用各种课程资源，设置多样化的课程，满足学生的独特个性和学校的发展需求。因此，高职学校职业实用性体育课程开发就是根据这种情况，将学校特点和专业设置有机地结合起来，对传统的教学内容中对运动技术的规范化要求部分进行改造，以满足不同专业学生的需要，体现学校的办学宗旨，体现学校的办学传统和特色的创建与发展。

四 培养学生的创新能力

培养学生的创新能力是课程标准的基本理念之一，要让学生学会主动学习，而不是被动接受。高职教育在培养学生职业能力时，应着力培养学生的创新思维，它是发展学生个性和能力提高的关键。因此，高职学校体育课程改革必须立足于对学生完善之个性的培养和专业知识与技能的训练。学校要根据学生的兴趣、爱好、知识水平和能力，结合学校和当地社区的教育资源，开发出能满足不同学生的个性发展需要的职业实用性体育课程，培养出多样化、个性化的创新人才。这也正是高职学校职业实用性体育课程开发的灵魂。

●●●● 第三节　职业体能训练创新研究　●●●●

一　基于职业体能需要的高职院校体育教学方法

（一）以职业体能教育为导向的高职体育课程体系设计原则

1. 学生全面发展的原则

在构建以职业体能教育为导向的高职体育课程体系时首先应该坚持全面发展的原则，将学生全面发展作为高职体育教育和高职人才培养的核心，在体育课程体系改革过程中要凸显职业体能教育的特色，更好地对接高职人才培养的实际。

2. 职业岗位需求的原则

高职教育采用基于工作过程的人才培养模式，以培养工作岗位需求的毕业生作为教学的中心任务，高职体育课程体系设计时需考虑职业岗位对学生身体素质的需求，以满足未来职业岗位对学生身体素质与能力的要求。

3. 理论与实操相结合的原则

既要授之以鱼又要授之以渔，在进行高职体育课程体系设计时既要考虑学生职业体能的培养与提升，又要注重学生对相关职业理论知识的储备，让学生真正了解职业体能学习的意义，使学生终身受益。

（二）以职业体能教育为导向的高职体育课程体系建设思路

将职业体能教育融入高职体育课程体系必须考虑学生所学的专业特性，从专业角度出发，进行体育课程体系设计。首先要根据职业特点来制定课程内容，通过学生对职业体能的认识和认可的程度来评价职业体能教学；职业体能课程内容设置要分析职业特点，安排不同的教学内容，这就要求职业体能教学老师必须具备全面的业务能力；开展职业体能体育课程构建要突显时代特色，同时也应与职业特色相符合；将职业体能教育渗透到体育教学各个环节中去，将通识体育教学和职业体能教学融合起来，建立基于职业体能教育的高职体育课程体系。

（三）以职业体能教育为导向的高职体育课程体系设计

1. 课程目标定位

由于高职院校毕业生所从事的岗位不同，对体能提出了不同要求，那么学生在毕业时除了具有较高的职业专项知识和实际操作技能，还要具有较高的职业体能，以更好地适应未来职业发展需求。因此，在进行高职体育课程体系设计时，要注意满足体育教学与职业体能培养双方面的需求。高职院校体育课程既要完成增强学生体质、提高学生身体素质、培养学生良好运动习惯的教学目标，又要考虑体现高职院校人才培养目标的职业性、实用性等特色，融入对未来职业相适应的特色职业体能教学理念，进一步增强毕业生适应未来岗位所需的相关体育和体能知识、能力。具体目标如下：

（1）积极参与各种体育活动并养成自觉锻炼的习惯，进行科学的锻炼，提高运动能力；

（2）较熟练掌握两项以上健身运动的基本方法和技能；

（3）能够针对自身专业特点及未来将要从事的职业岗位特点，基本掌握发展体能及职业保健等方法，培养良好的生活、工作习惯；

（4）通过体育活动改善心理状态、克服心理障碍，养成积极乐观的生活态度，培养终身体育意识；

（5）培养学生团队协作意识和集体意识，培养学生良好的竞争意识和职业道德，建立和谐的人际关系。

2. 课程内容设计

以职业体能教育为导向的高职体育课程体系的设计和内容的选择要有助于学生对基本体育知识和技能的掌握；要有助于学生达到职业技能需要的职业身体素质和职业素养；要能有针对性预防和纠正专业技术、职业劳动对人体的不良影响、伤害等；要帮助学生养成良好的运动习惯和生活习惯，养成终身体育意识。

以职业体能教育为导向的高职体育课程主要包括三个方面的内容：一是常见体育运动，主要发展学生力量、速度、耐力、柔韧、灵敏等身体基本素质、能力。二是职业体能素质，包括职业体能（颈部肌肉力量、躯干部位力量、四肢力量等素质和基本活动能力如搬运、负重、攀爬、平衡、悬垂、支撑等）、职业特殊体能（克服外界环境的特殊影响的能力，包括生存、发展、抗自然、抗挫折能力等）、职业素养（职业道德、意志品质）等方面的内容。三是体育保健知识，包括常见运动损伤预防与处理、职业保健（有关职业病预防纠正的纠正操、保健操和生产操等）、运动健身与保健等方面的内容。课程内容框架见下图：

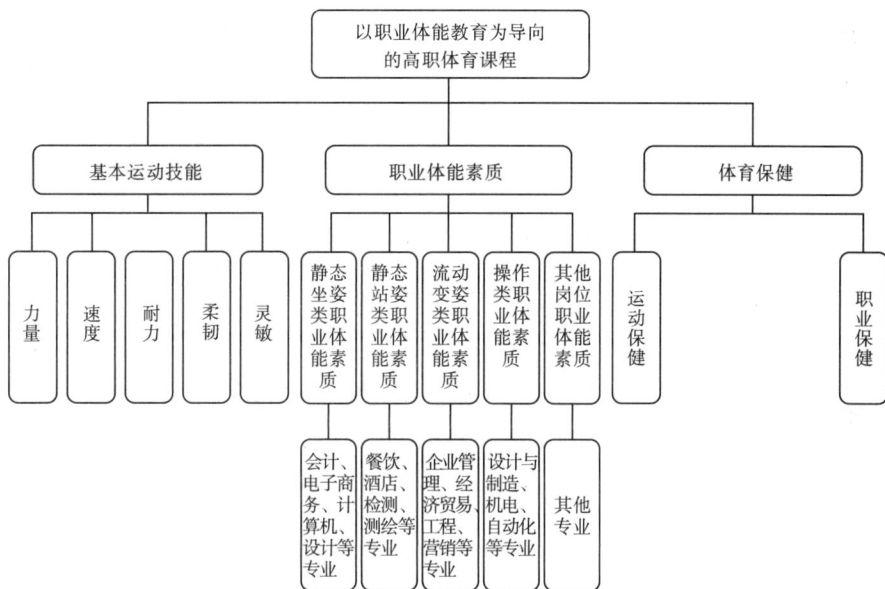

图 4-1　高职体育课程内容框架

3. 课程考核评价

以职业体能教育为导向的高职体育课程采用"过程+标准+考试"的评价方法，改变传统只重视练习结果，不重视学习过程的考核形式，使体育课程考核更加合理，体现以学生为本的教育理念。

过程考核：占期末总评成绩的 20%，设置学生个人体育课程信息卡，每堂课中老师根据学生出勤情况、上课表现、团队合作情况对每名学生进行评价。

标准评价：占期末总评成绩的 40%，主要考核学生基本运动技能掌握和体质发展情况，考核标准为国家体育锻炼标准。

技能考试：占期末总评成绩的 40%，主要考核学生职业核心体能素质能力情况，按照专业特点分别设定相应的考核内容，评定技能考核分。

二 建筑、交通类高职院校体育课程教学内容对学生职业体能的培养

结合建筑、交通类高职院校的相关专业实际，通过丰富的实践性选项课，来实现专业细化的不同分工要求，增强学生身体素质同相应的岗位需求的契合度，增进学生综合身体素质，结合学生的个人所需，通过选项课的方式，加强学生的体育学习内容的个性化，增进学生对职业环境的适应性。

（一）结合体育课程内容设置基础选项课

通过结合具体的体育项目和锻炼内容，设置基础选项课，能够根据现有的高等教育的教学模式灵活采取结合建筑、交通类高职院校本身的设定，形成现有的课程基础上更多选择方向的主副教学课程模式。广泛开设包括足球、排球、网球、篮球、乒乓球、羽毛球、自行车、游泳等课程项目，以供学生依据兴趣和职业发展需要，进行科学的基础选项课选择。

一方面可以通过这些基础选项课促进学生的体育学习兴趣，提高学生的运动素养，增进学生的身体素质，提高学生的体育锻炼水平；另一方面，结合学生在建筑、交通类专业技术能力方面的学习，能够配合建筑、交通类工作实际的体能需要，提供未来就业环境中的适应能力，进行有针对性的职业性体能教育，保障了学生的职业技术能力相适应的体能素质能力水平，并且能够为学生提供多样性发展的空间，促使学生能够获得更加全面、系统的综合素质能力提高。

（二）结合岗位需求设置专项体能课

通过结合具体的建筑、交通类岗位需要，设定结合岗位需求的专项体能课，将更针对性地提高学生在专业技术应用环境下的职业体能素质，课程上依据不同专业的培养目标，规划具体的课程锻炼内容，对学生进行专项的体能锻炼，融合了相关专业职业的特点，培养学生的专业素养。

结合建筑、交通行业的职业体能需求，特别是一些专业在工作环境上的特

殊性，需要体育课程设置特别针对相应岗位上的体能损耗的专项性锻炼内容。例如加强学生的腰椎、脊柱、颈椎损伤的预防性锻炼，针对部分专业户外施工锻炼的攀爬、长跑、心肺功能锻炼等，针对建筑、交通行业的相关专业要求，也设定增强肢体协调能力和耐力锻炼的内容。

（三）增进学生综合能力素质的拓展课程

根据建筑、交通类高职院校的现实条件，结合学生的个体发展需要，设计一些具有挑战性和锻炼价值的户外拓展课程，将有助于学生提高综合能力素质。首先是需要将学生的体能素质和团队能力素质充分结合起来，其次是施行建筑、交通类各专业学生的相互配合，结合户外拓展课程，融合一些具有专业教学意义的内容，将体育锻炼和专业能力锻炼结合起来。最后是通过户外拓展的训练，全面了解当前学生的体能状况，通过实践进行调查分析，掌握学生的体能素质情况。

以实际的拓展环境来试验学生所具备的体能素质能力，并且有针对性地检验学生自身的相关能力素质，包括体能保护能力、心理素质能力、团队协作能力、沟通交流能力等在内，能够全面把握学生的整体状况，并且反馈到课程中来，增进后续的锻炼内容的科学性，帮助学生进行有针对性的锻炼和提高，并且能够让学生通过锻炼，增进自我认识，培养自信，树立科学的体能素质观念，加强学生对专业的职业体能素质要求的了解。只有结合学生的学习兴趣、专业技术岗位的体能素质需求、体育课程内容的设定需要，产生对体育课程的教学内容和方式的综合性思考，才能科学地完成对学生的职业体能素质的锻炼和培养。

综上所述，当前的建筑、交通类高职院校应当按照学生的综合能力素质发展需求，结合相关专业的职业体能素质需要，设定科学合理的基础性理论课程，并且按照学生兴趣以及专业技术能力的发展需要设定一些较为丰富的专项体能课程，或者组织一定的综合能力素质锻炼的拓展课程，丰富课程内容，加强对建筑、交通类专业学生的综合能力素质的培养。在今后的探索发展中，建筑、交通类高职院校应当积极通过复合型的课程设置，深化建筑、交通类高职院校的体育课程改革，增进其对学生职业体能素质的锻炼效果。

三 高职院校职业实用性体能的培养

（一）高职院校职业实用性体能的培养内容

1. 静态坐姿类

（1）岗位对应专业：会计、秘书、电商、文秘、网络、装潢设计、影视动画等。

（2）工作方式：室内，坐立从事职业活动，以伏案脑力劳动为主。

（3）体能特殊性要求：能较长时间保持充沛的体力、精力，敏捷地进行脑力劳动，能克服长时间工作导致的精神紧张、体力不支、代谢降低、反应迟钝等不良反应。

（4）劳动姿势解剖特点：低头、含胸、上体前倾、坐立，手部小肌肉群操作为主，颈椎、腰椎、脊柱受力大。

（5）劳动生理特点：影响肺通气量、血液循环；长期久坐，下肢易浮肿；眼、颈、背、腰部酸疼。

（6）职业技能能力要求：精细化操作，手指动作灵活；稳定、较强的本体感觉。

（7）实用性体能素质：均衡的一般耐力，颈、肩、腰背、上肢肌力和指、腕关节的灵活性。

（8）职业体能训练手段：项目练习（健身舞、瑜伽、排球、攀登、乒乓球、跳跃等），素质练习（办公室健身操、手眼组合、反应游戏、哑铃小臂屈伸、指腕卷棒和旋转、仰卧起坐、立卧撑、俯卧抬体、提拉重物、负重转体、健身球、跳绳等），缓解疲劳方法（改变体位动作练习、前后屈体、配乐拉伸组合练习等）。

2. 静态站姿类

（1）岗位对应专业：酒店管理、烹饪、学前教育、老年服务、公关礼仪、文秘等。

（2）工作方式：室内，以立正、随意站立和走为主要姿势，脑力、体力结合进行职业活动。

（3）体能特殊性要求：有较长时间站立的体力，良好的身心素质，良好的形体与气质，克服久站导致的静脉曲张，腰间盘劳损，椎骨突出，驼背、塌腰等职业病。

（4）劳动姿势解剖特点：站立，体正，身体稍前倾，腰腹部力量支撑，脊柱承担体重和肌肉张力，下肢肌张力维持身体平衡。

（5）劳动生理特点：影响血液循环和静脉血流量，久站小腿易浮肿，腰、背疲劳。

（6）职业技能能力要求：支持工作的本体感觉与平衡，动作的灵活、协调和稳定性。

（7）实用性体能素质：肩、腰、腹、背部肌力和下肢静力性耐力等。

（8）职业体能训练手段：项目练习（健美操、武术、体操、短跑、形体训练等），素质练习（徒手、轻器械体操，提踵、仰卧举腿、俯卧抬体、两头起、负重蹲跳、跳步组合、有氧健身、跳绳等），缓解疲劳方法（背部拉伸、体位变姿活动、配乐放松舞等）。

3. 流动变姿类

（1）岗位对应专业：国际贸易、市场营销、房屋管理、旅游、金融、房产、工程等。

（2）工作方式：室内外互换工作，以走的动作为主，职业活动无固定姿势，脑力、体力相结合。

（3）体能特殊性要求：有充沛的体力，动作灵活、协调，克服长时间工作对身体的影响，抵御职业疲劳。

（4）劳动姿势解剖特点：全身关节、骨骼、肌肉参与职业动作，动态中腰腹部力量支撑，脊柱承担体重，下肢肌维持身体平衡。

（5）劳动生理特点：动力性工作，能促进血液循环，改善呼吸、消化系统机能，肌体易疲劳。

（6）职业技能能力要求：支持工作的均衡性耐力和下肢力量，高空作业的灵活、平衡、反应、抗击和攀登能力。

（7）实用性体能素质：腰、背、腹肌耐力、平衡能力，较强的心肺功能和上下肢动作的协调、灵敏性。

（8）职业体能训练手段：项目练习（形体训练、轮滑、游戏、长跑、滚

第四章 职业导向实用体育教育的目的与意义

翻、跪跳起等），素质练习（拓展训练、爬山远足、跳绳、障碍跑、跳、钻的游戏和各种运动处方练习等），缓解疲劳方法（敲击、按摩、拉伸、合作放松、量小的游戏等）。

4. 工场操作类

（1）岗位对应专业：汽修、机械、电气、速控、物流、船舶、模具制造等。

（2）工作方式：室内外互换工作，动、静力性工作交替，无固定姿势，脑力、体力相结合。

（3）体能特殊性要求：能长时间保持体力，克服机械类工作承受的静力负荷，应有特殊工种工作的适应能力。

（4）劳动姿势解剖特点：支持工作的肌肉均衡性耐力，劳动时关节活动的灵活、协调性等。

（5）劳动生理特点：改善心、肺、循环系统机能，久在恶劣环境工作，易免疫力下降、植物神经紊乱、心率不齐等。

（6）职业技能能力：精细化操作动作准确，反应灵敏，有支持工作的本体感觉。

（7）实用性体能素质：上下肢与劳动部位相联系的肌肉绝对力量，腰腹肌力量，较长时间注意力和高空作业的平衡能力。

（8）职业体能训练手段：项目练习（乒乓、羽毛、网球，跑，跳跃，体操等），素质练习（拓展训练、力量、灵敏、集中注意力、跳步组合、各类游戏等），缓解疲劳方法（工间操，敲、抖、甩的肢体放松，背动肌的拉伸、放松舞蹈等）。

（二）高职实用性体能培养的途径与方法

1. 重建教学模式

为了实现高职体育教育的实用性目标，我们在教学实践中构建了一种适合以上两种教学形式的共享模式——体育模块化教学，并在实践中对两种教学模式进行了总体规划，如图4-2所示：

2. 通过一体化模块体育教学实现学生实用性体能培养

模块教学，是依据一定专业的可预期岗位所要求的基本技能，开发出适合

```
┌─────────────────┐      ┌───┐ ┌───┐ ┌───┐      ┌─────────────────┐
│ 运动基本理论     │      │专 │ │体 │ │体 │      │ 运动专项基本理论 │
│ 职业相适应的理论 │      │业 │ │育 │ │育 │      │ 职业相适应的理论 │
│ 知识             │      │班 │ │模 │ │选 │      │ 知识             │
└─────────────────┘      │级 │ │块 │ │项 │      └─────────────────┘
┌─────────────────┐ ←──→ │授 │ │教 │ │课 │ ←──→ ┌─────────────────┐
│ 本专业相关的     │      │课 │ │学 │ │   │      │ 专业技能(跑、跳、 │
│ 运动技能项目     │      │   │ │   │ │   │      │ 球类、体操等)    │
└─────────────────┘      │   │ │   │ │   │      └─────────────────┘
┌─────────────────┐      │   │ │   │ │   │      ┌─────────────────┐
│ 本专业相关岗位   │      │   │ │   │ │   │      │ 不同专业岗位实用性│
│ 实用性体能训练   │      └───┘ └───┘ └───┘      │ 体能训练运动处方  │
└─────────────────┘                             └─────────────────┘
```

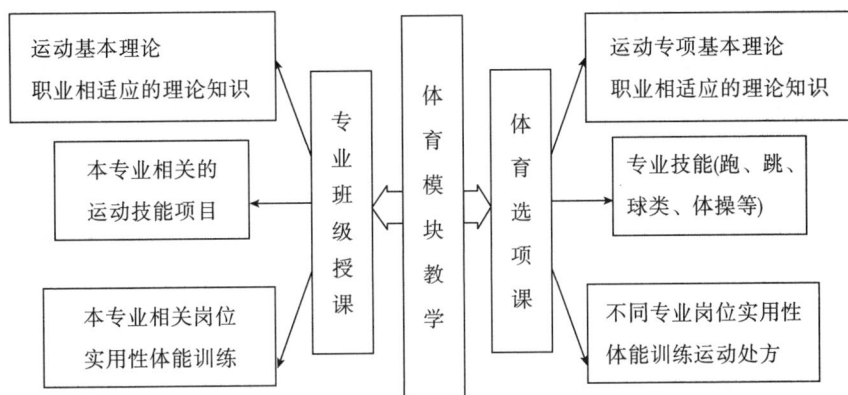

图 4-2　体育模块化教学总体规划

于教学组织与管理的基本课程教学模块，并在专业教学大纲指导下，根据教学模块之间的联系组成模块教学课程，学生在课程教学中进行专业技能培训，最终完成专业学习过程的教育组织方式。高职体育课中的模块教学就是依据上述模块教学原理，以兼顾培养学生的职业实用性体能为目的而进行的教学活动。在模块构成上，将体育理论和职业体能相关理论组合成基础理论模块（包括现代健康生活方式和健康评价方法、运动处方和运动卫生保健知识，职业岗位的体育健身知识和职业疾病的预防知识等内容），各单项运动项目组成动作技能模块（包括篮球、排球、田径、体操、轮滑、乒乓球等），职业体能训练模块（包括不同专业对应岗位实用性体能相关的训练处方等）。

在模块教学实施中，先将三大模块的内容进行科学合理的整合，再根据各技能模块所需的理论知识和操作技能所要达到的层次、深度确定详细教学内容，并将教学内容划分为若干单元。所有模块的学习都以技能学习和能力培养为主线，将所需理论分解到相关技能教学中，相关理论融于技能训练中学习。最后根据各技能模块的相互关系确定各技能模块学习时间和学习课时。

在体育教学过程中，按照每节课的教学目标，将以上三个模块体系的子模块内容，按照教学设计的授课顺序，合理地整合在一节课中，按各模块的培养目标，合理安排各模块教学的顺序、时间，选择恰当的教学方式、优化教法，达成以各模块的教学目标。

3. 模块化体育教学对学生进行职业实用性体能训练的方法

所谓实用性体能训练，即充实和完善对职业活动有益的运动技能储备和体育教育知识，强化发展对职业重要的体能素质，提高机体对不良劳动环境条件的耐受力和适应能力，保持和增进未来劳动者的健康。

在内容的选择上，要根据学生专业对应的职业工种所需要的身体素质开展教学。如需要耐心细致的财会、电器维修专业的学生，要进行太极拳、气功等练习；需要热情活泼的公关、导游专业学生，则进行健美操、舞蹈等练习；对体形要求较高的幼师、文秘等专业学生，可选择健身、舞蹈等项目练习。对一些能给身体带来不良影响的特殊职业，在训练内容的选择上，应突出补偿性。如财会、家用电器维修等专业学生，工作将长期静坐，低头含胸，胸部和心血管得不到发展，应选择跑步和健美训练等，弥补运动不足，锻炼心肺，矫正体形；装潢设计、电脑操作等专业的学生，工作中精神高度集中，精神负荷大，易心理疲劳，应加强全身性锻炼，可选择太极拳、气功等。在训练方法的选择上，要突出合理性，即根据学生专业的职业劳动特点，有针对性地选择锻炼部位，如长时间不活动部位选择幅度大的练习内容，对长时间屈曲的部位选择伸展练习内容等。教学手段要体现多样性，除选择通用的讲解、示范、练习、模仿、游戏等方法外，还应结合素质及项目练习的特点，学练结合。

第三篇 健身气功

第五章　健身气功概述

●●●● 第一节　健身气功简介 ●●●●

一　健身气功的含义及流行种类

　　健身气功是以自身形体活动、呼吸吐纳、心理调节相结合为主要运动形式的民族传统体育项目，是中华悠久文化的重要组成部分。习练健身气功对于增强人的心理素质、改善人的生理功能、提高人的生存质量、提高道德修养等，具有独特的作用。

　　它的流行种类包括易筋经、五禽戏、六字诀、八段锦、十二段锦、大舞、导引养生功十二法、马王堆导引术、太极养生杖等。

二　健身气功的锻炼要领

　　健身气功将人的身体和精神归纳为"形"和"神"，而将"气"看作是联系"形"和"神"的纽带，从而使三者形成一个有机的整体。正所谓："形者，生之舍也；气者，生之充也；神者，生之制也。"在健身气功锻炼中，以调身、调息、调心（神）来分别对应人的"形""气""神"，使"三调"成为锻炼时的基本要素。习练健身气功必须围绕这三个要素遵循以下锻炼要领。

（一）动作正确，路线准确

　　不管是何种功法，在习练时都要求清清楚楚地表现出每一个动作的运动路线、习练要领和动作规格，以形成正确的动作动力定型。一个完整的动作通常包括：身体姿势和身体部位运动的轨迹、时间、速度、节奏，以及动作与呼吸的相互配合、动作中的心理调节等要素。对于初学者来说，习练时不要强求每一个动作的力度都能做得很到位，但要求动作路线必须准确，姿势必须正确。如果形体动作一时不能到位，意识也要先到位。对于难度较大的动作，习练时不能贪多求快，而应在每次练习时有所侧重、循序渐进，在轻松自然中逐步达到掌握动作要领的目的。

（二）心静体松，呼吸自然

心静体松要贯穿健身气功习练的始终。松指精神、形体两方面的放松，静指思想和情绪上的安静；静是松的基础，松有助于入静，松静体现在意念、呼吸、姿势、动作等各个方面。在健身气功锻炼时，要做到关节肌肉尽可能地放松，肌肉筋骨全部松开，气才能自然顺畅，"气遍周身不停滞"。松是舒展，而不是软沓和内缩，只有形体舒松气自顺通，才能达到体松、意静、气运自然的要求。静不是思想静止，而是神不外驰，精神内守，以一念代万念，排除外来的一切干扰。入静才能心安，心安才能达到充分发挥机体自然调节平衡的功能。所以只有在精神放松、意识平静、呼吸自然的情况下，才能做到意随形走、意气相随，起到健身、养生的作用。

在健身气功的习练过程中，最常用的呼吸方法有自然呼吸或腹式呼吸。腹式呼吸又分为顺腹式呼吸与逆腹式呼吸两种。不论哪一种方法，都要求呼吸自然、柔和、流畅，不刻意闭气和憋气。随着对动作的熟练掌握，呼吸会自然地和动作相配合，一般的规律是以伸展动作配合呼气，收缩动作配合吸气，发力时呼气，蓄劲时吸气等。总之，呼吸和动作放松自然、协调配合，才有利于促进全身气血的运行。

在习练初期，由于不熟悉动作，往往容易出现动作不协调、表情不自然、身心不放松等现象。所以，这一阶段的习练者首先要注意克服紧张情绪，呼吸顺其自然，培养自己调控身心状态的能力，逐步达到心静体松，调整呼吸自然顺畅。

（三）中正平稳，柔和缓慢

在健身气功的习练中，只有动作中正才能做到心平气顺、心静体松。因此，习练时动作一定要自然、平稳，节奏要缓慢、协调，以做到姿势中正柔和、体态端正安舒，达到意气相随、以气运身、开合自然、中正柔和的练功要求。

祖国传统医学认为，精、气、血、津液是人体的物质基础，而精神是精、气、血、津液的生理活动和病理变化的调控者和外在表现。精神内守，神气旺盛，精、气、血、津液才能正常化生和转化。因此，随着习练技术的提高，习练者除了能熟练自如地掌握动作外，还要注重表现功法的神韵和内涵，把放松自然的神态和充盈生动的神韵统一表现在中正平稳、柔和缓慢的功法动作中。

（四）以形导气，气韵生动

"气"不仅指引起肺部变化的呼吸之气，还包括循行于经脉中的气血之气。因此，气在经脉中的运行和在肺部的运动都是有其自身规律的，这个规律不以人的意志为改变，人只能顺应这个规律。所以，健身气功通过舒展大方、柔和缓慢的动作导引来引导身体气血的运行和呼吸的变化。

气韵生动，是指通过精神的修炼和形体的锻炼，促进真气在体内的运行，使动作表现出意气相随、以气导形、舒展大方、柔和平稳的神韵。

（五）松紧结合，动静相兼

健身气功除了要求动作柔和、缓慢外，更多强调的是动作必须松紧结合，虚实相间，在松紧虚实中体现出动作的动和静。"松"，是指动作导引时人体各关节、肌肉等组织的放松，也就是虚。"紧"，是指动作导引中躯干与四肢缓慢而适当用力，也就是实。"动"，是指意识下的动作引导。"静"，是指在动作导引中看似略有停顿，实则动作的内劲没有停，肌肉继续在用力，保持牵引抻拉的劲力。无论动作是松还是紧、是动还是静，都是阴阳学说在健身气功中的体现。

•••● 第二节　健身气功的历史与时代价值 ●●•·

一　健身气功的由来

（一）气功的缘起

气功是中华民族一项历史悠久的健身养生术，所包含的内容极为丰富。我国古代道家的吐纳、服气、行气、内丹、存思，佛家的禅定、打坐、观想，医家的导引、按跷及相关食饵、医药、起居等，儒家的修身、养气、坐忘等众多养生理论和方法，都属于气功范畴。气功，以其柔和缓慢、老少皆宜、效果明显等独特魅力，千百年来一直深受群众的喜爱。

气功是人类在长期的生活和劳动实践过程中，不断总结经验，逐步创立和完善起来的。气功中有许多形体动作和呼吸吐纳方法，大多可在日常生活和劳动实践中找到原型。

比如，当人们感到疲劳的时候总喜欢伸懒腰，两手臂伸直，举过头顶，这正是八段锦中"两手托天理三焦"的动作雏形。又比如，当人们心情烦乱、精神疲乏的时候，总喜欢闭目养神，以忘却烦恼，后逐渐形成了以"凝神入静"为特点的功法，等等。

远观近择、取象比类是古人最简单、最直接认识自然界万事万物的方法，也是天人合一、动静相对、阴阳消长、五行生克等理论的原始来源。通过对自然界日、月、星、辰的运动，天、地、风、云的变化，鸟、兽、鱼、虫的飞行、奔竞姿态等的不断观察和总结，仿效万物，象形取义，经过反复验证，逐渐摸索总结出内容丰富、形式多样的健身功法。

比如，湖南长沙马王堆出土的《导引图》中，有很多是模仿熊、鸟、猴、狼、猿、螳螂等各种动物的动作；东晋葛洪在《抱朴子·杂应》中提到龙登、虎引、熊经、龟咽、燕飞、蛇屈、鸟伸、兔惊等。最著名和最具代表性的，莫过于东汉华佗编创的"五禽戏"了。

（二）气功的发展

考古研究表明，气功的历史非常久远。1975年，在我国青海省乐都地区发现了一尊彩陶罐。据有关专家考证，它是一件马家窑文化时期的出土文物，距今已有5000多年历史。更神奇的是，这个彩陶罐上浮塑着一个奇异的人像，上半身为男，下半身为女，呈现出一个张口呼吸吐纳的站桩练功形象，表明5000年前的古人已懂得了运用呼吸吐纳的方法来调和阴阳。

行气玉佩铭是我国一件珍贵的气功文物。我国著名的科学家、文学家、考古学家郭沫若先生对上面的文字进行了考释："行气，深则蓄，蓄则伸，伸则下，下则定，定则固，固则萌，萌则长，长则退，退则天，天几春在上，地几春在下，顺则生，逆则死。"并认为：铭文讲的是深呼吸的一个回合，吸气深入则多其量，使它往下伸，往下深则定其固，然后呼出，如草木之萌芽，往上长，与深入时相反的进退。目前，史学界虽对铭文的解释尚未达到完全统一，但一致认为记载的是气功修炼的内容。

古代文献也有关于气功的丰富论述。如《吕氏春秋·古乐》载："昔陶唐氏之始，阴多，滞伏而湛积，水道壅塞，不行其原，民多郁阏而滞著，筋骨瑟缩不达，故作舞以宣导之。"说明古人在与大自然斗争过程中，为了适应环境，创作了一些形体动作舒筋壮骨、通利血脉，以增进健康，预防疾病。

春秋战国时期"诸子蜂起，百家争鸣"，人们对社会和自然的认识逐步深入，并开始积极探索生、长、壮、老的生命规律及与之相应的卫生保健方法。这一时期成书的《黄帝内经》奠定了古老气功的中医学基础，导引、服气、吐纳、行气之术也渐为人们所采用。

秦统一中国之后，统治阶级为了追求长生不老，客观上促进了气功的传播和养生的发展。东汉时期，佛教传入中国，佛家的一些修持方法也被人们作为摄生养性的手段。至此，中国气功明显形成了儒、释、道三家。

华佗创编了五禽戏，即虎、鹿、熊、猿、鸟五戏。这是时间较早、系统全面的健身动功功法之一。

晋代葛洪的《抱朴子》，南北朝陶弘景的《养性延命录》等，对古代气功的发展均起到一定的推动作用。

隋朝时期，医家逐渐吸收儒、释、道三家气功之长，并广泛应用于医疗实践。《诸病源候论》载导引法二百六十余式，用于健身，治内、外、妇科等疾病。

唐代孙思邈躬身实践，融医、道、佛于一家，撰《备急千金要方》、《千金翼方》等。所创"调气法""导引法"简明易学，较适合老年人。

宋、元、明、清时期，儒、释、道及医家等均有所发展，形成了更多气功流派和丰富的功法。

新中国成立后，特别是近30年来，气功发展进入了一个崭新阶段，在丰富多彩的传统功法基础上，涌现出许多今人编创的功法。习练气功的群众也达数千万人。

（三）"健身气功"概念的提出

为引导社会气功活动健康发展，促进社会主义精神文明建设，更好地为人民健康服务，1996年8月，气功被正式纳入政府管理范围。有关部委联合下发有关文件，第一次提出了"社会气功""健身气功""气功医疗"的概念。

所谓社会气功，是指"社会上众多人员参与的健身气功和气功医疗活动"。其中，"群众通过参加锻炼，从而强身健体、养生康复的，属健身气功"。"对他人传授或运用气功疗法直接治疗疾病，构成医疗行为的属气功医疗"。

2000年7月，中华人民共和国卫生部颁布的第12号令《医疗气功管理暂行规定》将"气功医疗"改为"医疗气功"，并明确指出"运用气功方法治疗疾病构成医疗行为的为医疗气功"。

2000年9月，国家体育总局第4号令《健身气功管理暂行办法》对"健身气功"作了进一步界定："健身气功是以自身形体活动、呼吸吐纳、心理调节相结合为主要运动形式的民族传统体育项目，是中华悠久文化的组成部分。"随后，又将健身气功列为我国正式开展的体育项目，专门成立了健身气功管理机构和健身气功协会，以加强对群众性健身气功活动的管理，推动健身气功的普及。由此，气功发展逐步走上了规范化、法制化轨道。

二 健身气功的时代价值

健身气功这一概念的提出，既是对传统气功的继承，又适应了时代发展的要求。它不仅反映了传统气功在中华文化中的重要地位和作用，也指明了传统气功的发展方向，具有重要的历史意义和现实意义。

（一）健身气功的社会价值

构建社会主义和谐社会是一项系统工程，需要社会方方面面的共同努力。健身气功锻炼追求身心的和谐，注重从人自身的和谐进入到人与社会的和谐、人与自然的和谐。从某种意义上讲，健身气功是一门关于"和谐"的学问。健身气功"天人合一"的理论基础，以及三调合一的练功方法，充分体现了深刻的"和谐"思想内涵。实践表明，人们在进行健身气功锻炼的同时，还渗透着道德涵养的修炼和提升。因此，无论是从增强人民体质而言，还是从建设社会主义精神文明而言，推广普及健身气功是一项功在当代、利在千秋的事业，同样是在为构建和谐社会作贡献。

以人为本是构建社会主义和谐社会的重要标志。不断满足广大人民群众日益增长的物质文化需求，正确反映和兼顾多方面群众的利益，是一个以人为本社会的具体体现。健身气功是一项深受人们欢迎和喜爱的体育运动。按照"讲科学、倡主流、抓管理、促和谐"的原则，积极稳妥地开展健身气功活动，努力满足不同人群多元化的健身需求，这无疑是以人为本理念在体育工作中的具体化。

安定有序是构建社会主义和谐社会的必要条件。一个安定有序的社会，必然是一个不同利益群体各尽所能、各得其所而又和谐相处的社会。经验和教训告诉我们，健身气功具有双重效应，搞得好对增强人民体质、推动社会发展进步有积极的促进作用；如果搞得不好，不仅会危害人民群众的身心健康，而且会影响社会的和谐稳定。因此，健身气功工作在新的历史条件下，既担负着增强人民体质的光荣使命，也担负着正面引导、化解矛盾、占领阵地和维护稳定的社会责任。

（二）健身气功的文化价值

健身气功是中国传统文化的产物，是中国传统文化沉积的反映。因此，健身气功在理论上受传统文化的思想指导，在行为方式上受传统文化的制约。健身气功植根于中国的文化土壤，犹如一棵枝叶茂盛的大树，其根须伸展到四面八方，吸收着各方面的养分，其文化理论渊源是多元的，它既吸收了中国传统哲学思想和文化理念，又涵涉了医学、美学等传统科学的内核。

健身气功是具有中国风格的技艺。中华气功从古至今的发展，在内部结构和外部形态上既有"形"与"神"的交融，也渗透着民族的风格、习惯、心理、感情等因素。可以说，中国人独特的思维方式、行为规范、审美观念、心态模式、价值取向和人生观等在健身气功中都有不同的反映。譬如其"德"与"艺"的统一、淡薄的竞争意识、注重个人技艺的纯熟、富于观赏而追求高尚的精神气质等，与西方文明所突出的壮烈、惊险，富于强烈刺激性的审美观形成鲜明的对照。健身气功交织着阴阳二气组合的生命律动，外取神态，内表心灵，着重在姿态的意境里显示人格，堪称传统体育文化的代表。

综上所述，习练健身气功既是为了强身健体，也是为了领悟和弘扬传统文化，还可以使人懂得"做人的真谛"而"完善人生的价值"。也由此可见，深刻认识健身气功文化的现实价值，深入挖掘健身气功文化中的积极成分，汲取健身气功文化合理的思想内核，使之与现代科学相适应，与当今文明相协调，同样是建设先进文化不可或缺的内容。

（三）健身气功的体育价值

随着物质生活水平的不断提高，闲暇时间的增多，人们的体育健身意识不断增强，参与体育活动的人数也逐步增多。体育不仅成为了身体锻炼的重要方式，而且成为了社会时尚的代名词。"少吃药，多流汗""花钱买健康"已为人们所共识，并有越来越多的人参加到体育锻炼中来。健身气功不仅健身作用明显，而且内容丰富，形式多样，不同的功法有着不同的动作结构、风格特点和运动量，并且不受年龄、性别、体质、时间、季节、场地、器械等限制，人们可以根据自己的需要和条件，选择合适的功法进行锻炼。因此，作为民族传统体育项目的健身气功，在满足人民群众多元化的健身需求、推动全民健身活动蓬勃发展中发挥着重要作用。

我国是世界上老年人口最多的国家之一，占世界老年人口的五分之一，并以每年 3.2% 的速度增长，现在 60 岁以上的老年人已达到 1.3 亿人之多。相对而言，老年人属于社会的弱势群体，大多数老年人不仅经济收入比较低，而且随着年龄的增高，健康状况也不容乐观，因此，如何有效地增进老年人的身心健康、减轻他们的生活负担，是一项十分重要而急需解决的现实课题。调查显示，经常习练健身气功的人，医疗费用支出明显低于不经常习练的人。而在经常习练的人群中，由于健身气功具有动作徐缓、强度不大、好学易练、场地简单、健身作用明显等特点，非常适合老年人的身心特征，从而使老年群众成为了健身气功锻炼的主力军。这些年推广普及健身气功的实践进一步证明，引导人民群众开展健康文明的健身气功活动，不仅促进了全民健身活动的发展，而且有效增强了习练者的体质，也丰富了群众的业余文化生活，充分显示出健身气功的体育价值。

第六章　八段锦

●●●● 第一节　八段锦概述 ●●●●

一　八段锦的含义及功法特点

　　八段锦是一套以肢体运动为主要特点的导引健身养生术。它通过肢体运动强壮筋骨，疏通经络，调和气血，改善机体与脏腑功能，从而达到强身祛病的目的。其功法特点主要表现为势正招圆、柔和缓慢、松紧结合、动静相兼、神与形合、气寓其中。

图6-1　八段锦

二　八段锦的源流

　　"八段"，不是单指段、节和八个动作，而是表示功法有多种要素，相互制约，相互联系，循环运转。"锦"字，是由"金""帛"组成，以表示其精美华贵。"锦"字还可理解为单个导引术式的汇集，如丝锦那样连绵不断，是一套完整的健身方法。

八段锦之名，一开始出现在南宋洪迈所撰《夷坚志》中："政和七年，李似矩为起居郎……尝以夜半时起坐，嘘吸按摩，行所谓八段锦者。"清末《新出保身图说·八段锦》首次以"八段锦"为名，并绘有图像，形成了较完整的动作套路。八段锦究竟为何人、何时所创，尚无定论。但从湖南长沙马王堆三号汉墓出土的《导引图》以及南北朝时期陶弘景所辑录的《养性延命录》中都可看到相关的动作图势。这说明，八段锦与《导引图》以及《养性延命录》有一定关系，是历代养生家和习练者共同创造的文化遗产。

三 健身气功八段锦的功法及功效

健身气功八段锦的运动强度和动作编排次序符合运动学和生理学规律，属于有氧运动，安全可靠。分为两手托天理三焦、左右开弓似射雕、调理脾胃须单举、五劳七伤往后瞧、摇头摆尾去心火、两手攀足固肾腰、攒拳怒目增气力、背后七颠百病消。整套功法增加了预备势和收势，套路更加完整规范。

习练健身气功八段锦柔和缓慢，圆活连贯，不僵不拘，轻松自如，舒展大方；松紧结合，动静相兼，动作轻灵活泼、节节贯穿、舒适自然。同时，要求做到神与形合，气寓其中，每势动作及动作之间充满了对称与和谐，体现出虚实相生、刚柔相济，做到意动形随、神形兼备。通过精神的修养和形体的锻炼，达到强身健体的功效。

●●● 第二节 八段锦的功法学习 ●●●●

一 八段锦的功法特点

轻松柔和体舒展，缓慢圆活气连贯，放松肌肉和脏器，紧在两个动作间。松紧结合得适度，轻灵活泼动静兼，神与形合气寓中，神为形主意在先。

二 八段锦的习练要领

松静自然排杂念，准确灵活合规范，练中有养养中练，循序渐进不间断。

三 八段锦的手型、步型和身型

（一）基本手型

1. 握固（图6-2）

拇指抵掐无名根，其余四指拢掌心。

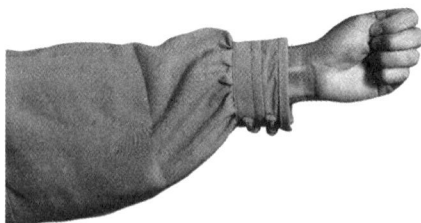

图6-2 握固

2. 掌

①掌一（自然掌）（图6-3）：五指微屈自然伸，掌心微含稍开分。②掌二（八字掌）（图6-4）：八字掌，立手腕，拇指食指直角边，其余三指要屈收，

一二指节向里弯。

图 6-3 自然掌

图 6-4 八字掌

3. 爪（图 6-5）

五指并拢屈成爪，拇指一节弯就好，其余四指一二节，屈指内扣紧拢靠。

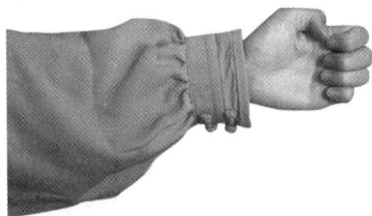

图 6-5 爪

（二）基本步型（马步）（图 6-6）

开步站立左脚分，上身正直腿半蹲，如同骑在马背上，尾间内扣前裹臀。

图 6-6 马步

（三）基本身型

健身气功八段锦的预备势就是功法的基本身型，同时又是基本动作，也可作为基本功来练习。基本身型主要是指躯体在静止状态下，要做到百会虚领、立项竖脊、沉肩坠肘、虚胸实腹、松腰敛臀、中正安舒。

四 动作分解

预备势（图6-7）：

身体中正并步站，两臂下垂目视前，重心移到右腿上，先提左跟再脚尖，左脚落地先脚尖，平行开立同肩宽，两掌侧摆臂内旋，屈膝外旋抱腹前。

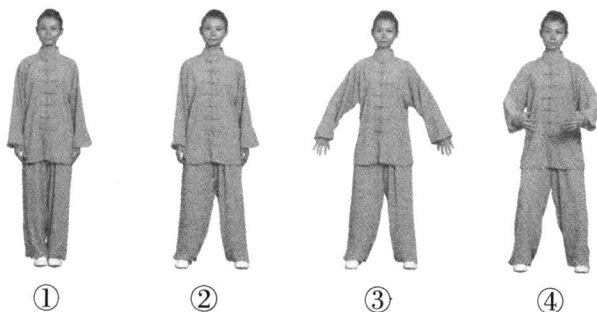

①　　　　②　　　　③　　　　④

图6-7　预备势

预备势动作要点：下颏微收头上领，双唇轻闭舌上顶，沉肩虚腋胸宽舒，收腹裹臀上身正。

第一势：两手托天理三焦（图6-8）

十指交叉胸前翻，两手上托眼上观，下颏内收臂贴耳，抻拉三焦防疾患。两掌下落画立圆，松腕舒指要沉肩，上体中正保垂直，松腰微屈要沉髋。

①　　　　②　　　　③　　　　　④

图6-8　第一势

动作要点：两掌上托胸舒展，对拉拔长是关键，两掌下落松腰髋，沉肩坠肘松手腕。

第二势：左右开弓似射雕（图6-9）

左（右）脚向左（右）开步站，两掌交叉于胸前，掌心向内左（右）在外，马步蹲裆弓拉满，八字掌伸向左（右）看，右（左）掌成爪拉平肩，起身右（左）掌右（左）画弧，并步两掌抱腹前。

动作要点：拉爪五指并，臂与肩膀平，八字掌沉肩，屈腕掌心空。

①　　　　②　　　侧面图　③　　　　④

⑤　　　　⑥　　　　⑦　　　　⑧

图6-9　第二势

第三势：调理脾胃须单举（图6-10）

两腿挺直穿左（右）掌，内旋外旋左（右）上方，掌心向上肘微屈，同时右（左）掌按髋旁。松腰沉髋重心降，两腿微屈落左（右）掌，屈肘外旋落腹

①　　　　②　　　　③　　　　④　　　　⑤

图6-10　第三势

前，右（左）掌上捧看前方。

动作要点：掌根用力，舒胸展体，上撑下按，拔长腰脊。

第四势：五劳七伤往后瞧（图6-11）

两腿徐缓膝挺直，胳膊侧摆伸手指，两臂充分往外旋，头向左（右）转左（右）后视。松腰沉髋重心降，两臂内旋按髋旁，掌心向下指向前，两腿微屈望前方。

动作要点：肩向下沉头上顶，转头旋臂体不动。

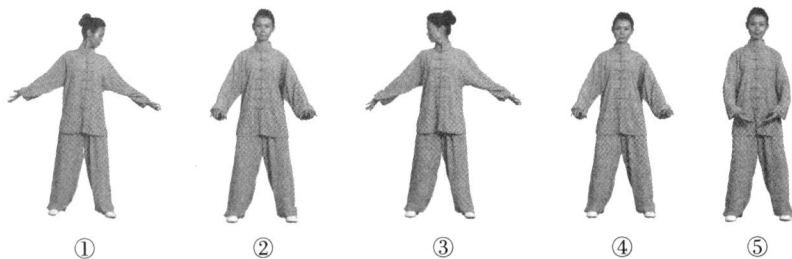

① ② ③ ④ ⑤

图6-11 第四势

第五势：摇头摆尾去心火（图6-12）

重心左移右开站，直立两掌胸前翻，掌心向上头上托，指尖相对目向前。两臂侧落马步蹲，上起右（左）倾随俯身，向左（右）旋转头后摇，尾闾回正稳重心。右脚回收同肩宽，两掌侧举眼望前，松腰沉髋膝微屈，双手下按至腹前。

动作要点：马步身正臀前裹，摇转速度要柔和，颈部尾闾对拉伸，动作连贯又圆活。

① ② ③ ④

⑤ ⑥ ⑦ ⑧

⑨　　　　　⑩　　　　　⑪　　　　　⑫

图 6-12　第五势

第六势：两手攀足固肾腰（图 6-13）

双腿挺膝伸直站，两掌上举按胸前，翻掌腋下向后插，下推摩运脊两边。前俯摩运腿后边，经脚外侧抚脚面，抬头抬臂带动体，起立上举目视前。

动作要点：反穿摩运要用力，前俯松腰挺两膝，掌沿地面向前伸，抬臂带动体立起。

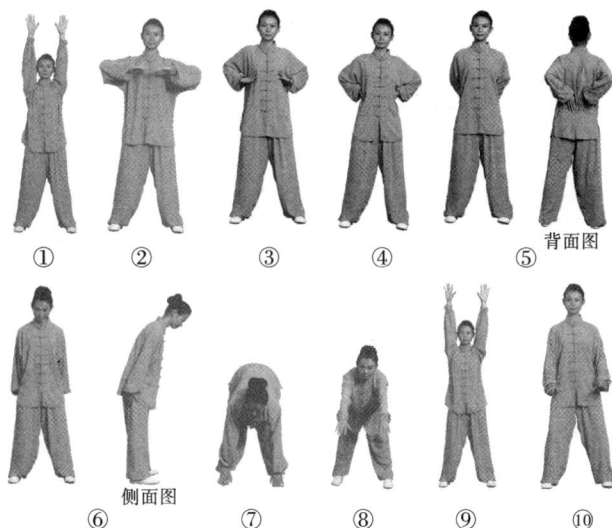

①　　②　　③　　④　　⑤　背面图

侧面图
⑥　　⑦　　⑧　　⑨　　⑩

图 6-13　第六势

第七势：攒拳怒目增气力（图 6-14）

开步屈膝蹲马步，拳抱腰侧要握固，出拳缓慢同肩高，拳眼朝上瞪眼目。内旋变掌口朝地，左臂外旋肘微屈，旋腕握固目视拳，拳收腰侧挺上体。

动作要点：马步蹲裆腿用力，怒目出拳脚抓地，拧腰顺肩力达拳，旋腕抓握有力气。

① ② ③ ④ ⑤

⑥ ⑦ ⑧ ⑨ ⑩

图 6-14　第七势

第八势：背后七颠百病消（图 6-15）

并步提踵跟提起，十个脚趾要抓地，头顶提肛肩下沉，颠足脚跟轻震地。

动作要点：上提脚抓地，脚跟尽力起，并腿百会顶，咬牙轻落地。

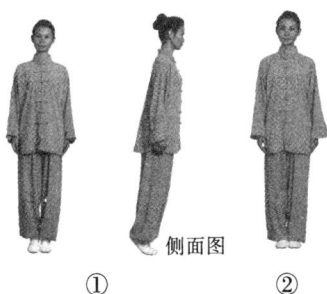

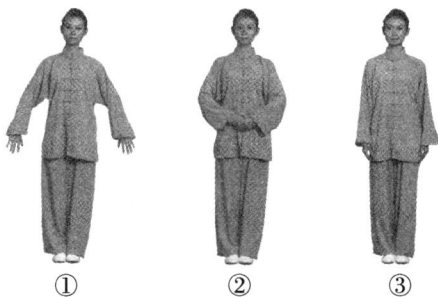

① ②　　　① ② ③
侧面图

图 6-15　第八势　　　　**图 6-16　收势**

收势（图 6-16）：

两臂内旋侧摆起，然后两臂肘弯曲，两掌叠于丹田处，男左手内女右里，意守丹田停片刻，掌落体侧垂两臂。

收势动作要点：周身放松体态安，男左女右手里边，呼吸自然眼望前，气往下行沉丹田。

第七章　明目功

•••● 第一节　明目功概述 ●•••

明目文化在中国有着悠久的历史。从甲骨文时代至今，三千多年来，中国古人在传统生命哲学和传统医学的理论基础之上，创造了数百种的明目功法。这些功法在中国古人的明目养生方面一直发挥着积极的作用。为了使传统的明目文化更好地服务当今社会，2013年以来，国家体育总局推行健身气功·明目功（青少版）和（成人版）功法，两套功法既秉承传统，又融入时代，是对传统名目文化的一次升华。

一　先秦时期，明目文化的开始与哲学理论的建立

殷商到春秋战国，是明目理论和实践的初步形成时期。从这一时期的文献中可以看到，当时对"目"已经有了较为深刻的认识，不仅发现了一些"目"的常见疾病，提出了治疗"目疾"的方法，还设置了专门的医疗机构。春秋战国时期的儒家和道家进一步探讨了名目与养心的关系，分别提出了"以礼明目""为腹不为目"的明目养生理论，奠定了后期明目功的中国哲学理论基础。

二　秦汉至魏晋，明目医学理论的形成与导引实践的出现

秦汉至魏晋，是中国传统养生文化的大繁荣时期，《黄帝内经》的出现、黄老之学的兴起、神仙方术的兴盛、道教养生术的出现都在这一时期。此时明目文化也得到了医学界、导引界的重视，其理论和实践两方面的发展都渐趋成熟。《黄帝内经》确立了明目的医学理论框架，阐述了"目"与脏腑的关系，奠定了传统医学眼科"五轮学说"的基础；《引书》、魏晋道书则记载了明目功导引术式，标志着明目功在技术领域的逐渐丰富和成熟。

从当时道书中记载的"明目"方法来看，基本上涵盖后世"明目功"的所有要素，如导引、按摩、熨目、吞津、吐纳、存想、服食等。明目的方法大致可分为三大类：一是导引、按摩类；二是行气、存思类；三是服食、方药类。

三　唐宋时期，明目理论和实践的一次大总结

隋唐宋三朝，是"明目"的大总结时代。隋唐宋三朝政府都修过大型医书，其中对前代有关眼疾的病因、病理、诊疗和药方都进行了详细总结，"明目"功法也因此得到了系统整理。官方正式设置了导引按摩博士，导引按摩之术成为国家认定的治病养生之术，使明目功法在医疗保健方面的作用得到了充分发挥，极大地促进了导引按摩的发展。

四　明清至近代，明目功法向大众化、日常化发展

明清至近代是明目功法逐渐走向大众的时期。古代社会，由于医疗资源有限，大部分老百姓根本没有机会就医治病，自行保养、医治成为大多数普通百姓的选择。这一时期，导引养生之术除在医疗领域发挥作用外，已渐渐走到大众养生保健领域。明目功法的发展亦是如此。从明代开始，出现了很多大众养生类书籍，其中不乏各种形式的明目功法的记载。

五　新中国成立至今，健身气功·明目功的诞生

新中国成立以后，特别是改革开放以来，随着中国的崛起，中国传统文化也广泛传播到了世界各国。在中国传统文化复苏的大背景下，一些老中医、气功专家重新发掘、整理了一批明目功法。其中，马栩周医生的"健目功"和河南中医学院路世才教授的"增视功"有较大影响。

青少版的健身气功·明目功编创工作，主要以马栩周医生的健目功为原型，经过对古代明目功法的系统整理，结合青少年的身心特点和现实需求，对原功法进行了再次升华编创。成人版的健身气功·明目功编创工作，主要以路世才教授的增视功为基础，又经过整理研究历代的明目文献和明目功法，结合成人的身心特点，对原功法进行了升华创编。

　　明目功历史悠久，是中国传统养生文化的优秀遗产，是中国生命哲学的重要组成部分。从甲骨文时代至今，明目功法一直绵延流变，从最初的保护眼睛的简单思想和技术，经过传统哲学理论和传统医学理论的熏染，功法理论不断丰富，发展到青少版健身气功·明目功和成人版健身气功·明目功的问世，必将能为保护青少年和成年人的眼睛健康和弘扬中国优秀的传统文化作出积极贡献。

•••● 第二节　健身气功·明目功（青少版）功法演示 ●•••

近视与眼功能低下，外部原因主要是用眼不当，长期接触电子产品、阅读书籍等，其内在实质是人体相关脏腑功能失调、经络不畅通、气血不足等所致。

脏腑是人体的核心，维持着人体各项生理功能，眼睛所需要的营养物质都是脏腑吸收并输送到眼部。人体的经络就像一张大网，四通八达，相互贯通，把眼睛同其他脏腑组织紧密地联系在一起。

明目功不仅围绕眼睛进行局部按摩，反复运用意念眼睛、掌心熨目、默念字句、点按眼周穴位等操作，疏通眼部经络，活跃眼部气血，放松眼部肌肉，使眼睛在短时间内受到足够的良性刺激；更是运用吐音发音的方法来刺激脏腑，调节肝、脾、肾三个脏器；同时以双手沿着十二经脉轻抚摩运，畅通气血运行通道，改善人体功能状态，消除损害眼睛健康的内在根本原因，从而达到明目的功效。

青少版的健身气功·明目功功法演示如下：

一　预备势

明目功·青少版

身体端坐，两脚自然分开，与肩同宽，头正颈直；两唇轻合，舌体轻抵上颚；含胸拔背，沉肩坠肘；腰部竖直，臀部坐稳，两臂自然下垂，屈膝约90°；两手放于膝上，两脚平踏于地，脚尖朝前。

自然呼吸，精神放松，排除杂念，调匀呼吸，启动气机，培育元气，进入练功状态。双眼微闭，意在眼部，心中默念"眼睛湿润，1-2-3-4-5-6"。

二 疏肝明目

(一) 动作说明

动作一：双目瞪圆，发"嘘"音。"嘘"字口型：两唇轻合，中间留缝，齿微启，嘴角用力后引，气从上下牙间、舌两边空隙中呼出，发"嘘"音。

动作二：两手掌心翻转向上，沉肩坠肘，经体前屈肘收前臂至两掌心（劳宫）对瞳孔，自然掌变空心掌，轻抚于两眼之上，双眼微闭，心中默念"眼睛湿润，1-2-3-4-5-6"。

动作三：双手贴面而下，至胸部与乳同高时转为四指相对、拇指朝上；然后双掌经胸部至上腹部时转为拇指相对、四指向下；双手下行至腹部与肚脐同高时，双手再摩运至腰部两侧，沿大腿外侧自然收于大腿上，恢复预备势。

重复动作一至三共6次。

(二) 呼吸方法

自然呼吸。

(三) 意念活动

动作一、二时意念在眼部，动作三意随手走，最后体会脚的感觉。

(四) 技术要点

发"嘘"音时口型要准确。

默念环节节奏均匀，意在眼部。

双手运行线路要清晰，特别注意双手在脸部、胸部、腹部的动作转换，最后体会脚的感觉不可省略。

(五) 功理作用

肝开窍于目，肝气通于目。发"嘘"音时意在眼部，引肝经之气上注于目，视力得以改善。瞳孔属水，掌心劳宫属火，掌心对瞳孔，有心肾相交、水火相济之效。

人体所需维生素 A，首先储存于肝脏，再通过血液输送到眼部及全身，被组织细胞吸收，发挥功效。若肝脏功能亏损，必将影响维生素 A 的吸收，引起眼病。

此式整体经络走向为肝经—肺经—大肠经—胃经，最后引气到脚，达到平衡气机的作用。

三　健脾养目

（一）动作说明

动作一：接上节，发"呼"音。"呼"字口型：舌两侧上卷，口唇撮圆，气从喉出，在空腔中形成气流，经撮圆的口唇呼出，发"呼"声。

动作二：双眼微闭，两手掌心翻转向上，沉肩坠肘，经体前屈肘收前臂至两掌心（劳宫）对瞳孔，自然掌变空心掌，轻抚于两眼之上，心中默念"眼睛湿润，1-2-3-4-5-6"。

动作三：以两手小指指肚分别点按睛明穴三次，心中默念"1-2-3"。

睛明穴：目内眦角稍斜上方凹陷处

动作四：接上势，双手犹如梳头之状，从发际上行梳理，经头顶、脑后，然后分别绕至身后；掌心贴于腰部命门穴，掌指向下，两掌小指靠在一起下行，沿双腿外侧自然收于大腿上，体会脚的感觉；恢复预备势，双眼微闭。

重复动作一至四共 3 次。

（二）呼吸方法

自然呼吸。

（三）意念活动

动作一、二时意念在眼部，动作三意在睛明穴，动作四意随手走，最后体会脚的感觉。

（四）技术要点

发"呼"音时口型要准确。

默念环节节奏均匀，意在眼部。

双手运行线路要清晰，特别注意双手在头部、肩部、背部的动作转换；双手五指张开上行要如梳头状；掌心贴于后背下行时，两掌小指要靠在一起；最后体会脚的感觉不可省略。

（五）功理作用

脾主运化水谷，为气血化生之源，若脾气虚弱，不能将精微物质上运于目，则目失所养；脾主统血，血养目窍，若脾气虚弱，失去统摄的能力，则易引起眼部出血症；脾主肌肉，若脾虚，则睫状肌肌力不够，眼轴易变长，造成近视。

本节功法发"呼"音，意念在眼部，自然引脾经之气上贯于目，目得濡养而能视，从而起到改善视力的作用。

本节经络走向为脾经—心经—小肠经—膀胱经。

四 强肾健目

（一）动作说明

动作一：接上节，发"吹"音。"吹"字口型：舌尖微向上翘，嘴角后引，上下牙相对，两唇向两侧拉开收紧，如吹箫状，发"吹"音。

动作二：双眼微闭，两手掌心翻转向上，沉肩坠肘，经体前屈肘收前臂至两掌心（劳宫）对瞳孔，自然掌变空心掌，轻抚于两眼之上，心中默念"眼睛湿润，1-2-3-4-5-6"。

动作三：双手轻抚鬓角、耳后、颈部、肩部，至胸部两侧；双手沿体侧摩运至腰部两侧，继续下行至臀外侧，再沿大腿外侧自然收于大腿上，体会脚的感觉；恢复预备势，双眼微闭。

重复动作一至三共 3 次。

（二）呼吸方法

自然呼吸。

（三）意念活动

动作一、二时意念在眼部，动作三意随手走，最后体会脚的感觉。

（四）技术要点

发"吹"音时口型要准确。

默念环节节奏均匀，意在眼部。

双手运行线路要清晰，特别注意双手在鬓角、耳后、颈部、肩部、胸部、腹部的动作转换；转换处节奏柔缓；最后体会脚的感觉不可省略。

（五）功理作用

肾为五脏之本、生命之源，肾藏精，精微生活活动的基本物质，眼能视之，有赖于精气的濡养。

瞳神属肾，为眼睛产生视觉的重要部分，若肾亏，则瞳神无光，视物渺茫；肾主脑髓，若肾亏，则目光迟钝，视物不清；肾主津液，若肾虚，则眼干涩，易疲劳；肾主人体水液代谢，若肾虚，则代谢功能障碍，使水湿上泛于眼，造成眼珠隐痛，视力下降。

本节功法发"吹"音，意念在眼部，自然引肾经之气上行，使眼部得以濡养，视力得以改善。

本节经络走向为肾经—心包经—三焦经—胆经。

五　转颈运目

（一）动作说明

动作一：接上节。精神集中在眼部，睁眼，身体不动。先将面部水平转向右肩上方，目光向右肩后方远视。

动作二：低头，向左下方转动，至左肩上方，目光向左肩后方远视。

动作三：仰头，向右上方转动，至右肩上方，目光向右肩后方远视。

动作四：头转正，目视前方。重复动作一至四，唯方向相反。

（二）呼吸方法

自然呼吸。

（三）意念活动

精神集中在眼部，每转动一圈的同时心中默念"眼球转动—转动自如—颈部放松"。

（四）技术要点

头部转动路线为立圆，转动画圆幅度可以加大，但不应做到极限程度，要自然缓慢，徐徐而行，不可太急促。

转动时注重保持端坐姿势，避免身体晃动。

转动时须睁眼，眼球随颈部转动而转动，目光随转动向各方远视。

眼疾、高血压、颈椎病等患者需遵医嘱习练此节，注意转动的幅度要小，低头仰头不可用力。

单练此节功法时，转颈次数不可太多。

（五）功理作用

颈项为任督二脉之枢纽，人体十四经脉之通道。活动颈项可使经络疏通，血流旺盛，减少供血不足的弊端。

运目可使眼部精气血充盈，真气旺盛，津液滋生，眼球得以濡润，五轮得以修复，从而达到明目健脑的效果。久做此式能扩大视野，对预防斜视也有较好的效果。

六 五轮滋目

（一）动作说明

动作一：接上节。两眼微闭，食指、中指、无名指、小指微微并拢扣指，用四指的指肚点按下眼眶 4 次，心中默念"按—摩—缓—慢"。

动作二：用四指的指肚点按外眼角 4 次，心中默念"1-2-3-4"。

动作三：用四指的指肚点按上眼眶 4 次，心中默念"意—念—集—中"。

动作四：用四指的指肚点按发际处 4 次，心中默念"1-2-3-4"。

动作五：用小指的指肚点按睛明穴 4 次，心中默念"眼—睛—湿—润"。然后两手放回大腿上，恢复至预备势。

（二）呼吸方法

自然呼吸。

（三）意念活动

意在眼部。

（四）技术要点

用四指指肚点按，点按部位要准确，点按力度要适中，以微感酸胀为宜。点按节奏配合默念词进行。

（五）功理作用

中医五轮学说，将眼部分为五个区域，分别对应体内五个脏腑，五轮与五脏生理病理皆有一定的联系，以"五轮学说"说明眼的组织结构和生理病理等现象，成为眼科的独特理论。另外，眼部穴位众多，同样通达于五脏六腑。五脏六腑一旦外感内伤，必然会影响到眼部。

本节通过对眼周穴位的按摩，作用于五轮，调理脏腑气血，有利于增进脏腑的健康，达到提高视力的目的，对缓解视觉疲劳也有很好的作用。当用眼过度而眼疼酸胀时，可单独练习此节。

七　远视调目

（一）动作说明

动作一：接上节。全身端坐放松，两眼猛地睁开，凝视远方，心中默念"眼睛湿润，1-2-3-4-5-6"。

动作二：两眼微闭，恢复至预备势。

（二）呼吸方法

自然呼吸。

（三）意念活动

动作一意在眼部，动作二体会脚的感觉。

（四）技术要点

眼要猛地睁开，凝视远方，至少5米开外，不可距离过近，目光可选取正前方远处的一个点盯住，然后缓缓收回。

（五）功理作用

眼睛的健康，有赖于五脏之精血循经络而源源不断地输送到眼部。当双目睁开，凝视远方，意念在眼部，自然引气、血、津液调动至眼部，使眼得濡养而能视。

极目远眺，可以彻底放松睫状肌，提高睫状肌紧张收缩的调节速度。有规律地紧张收缩，可以提高眼动静脉中的血流速度、静脉泵或肌肉泵，加快眼球内部房水的循环代谢。

单练此节也能缓解视疲劳，防止近视程度加深。

八 收势

（一）动作说明

动作一：两手相叠，掌心向内放于小腹部，掌心对准丹田，心中默念"小腹热，1-2-3-4-5-6"。

动作二：双手自然放于大腿上，双眼缓缓睁开，练功完毕。

（二）呼吸方法

自然呼吸。

（三）意念活动

意守丹田。

（四）技术要点

两手相叠时，女性左手在外、右手在内，男性反之。

双手放置于大腿上后，可做做干搓手、干擦脸、干梳头等动作。

（五）功理作用

做完六式动作后，要高度重视收功。睁眼远视之后，必须涵养培植真气，保持双眼乃至全身真气充盈，精血旺盛。通过意守丹田，达到引起归元的作用，使习练者从练功状态恢复至正常状态。

经过较长时间坚持不断地练习后，即可收获较好的眼部保健效果。

第四篇 运动保健

第八章 体育锻炼的原则与方法

•••● 第一节 体育锻炼的基本原则 ●•••

体育锻炼的基本原则是体育锻炼过程中客观规律的反映，是人们在长期从事体育锻炼中成功经验的总结和概括，是每个参加体育锻炼的人必须遵循的准则。体育锻炼主要有以下基本原则。

一 自觉性原则

自觉性原则是指参加体育锻炼者，对行为目标的追求所采取的一种自觉主动的行为。

体育锻炼是人们认识自我，主动地改善自我的一种有目标的、有意识的活动。这种自觉主动性是人们对"生命在于运动"的科学道理意义、作用有了初步的理解和认识，产生了对体育锻炼的需要和主观动机。

人们对体育锻炼的认识和需要的不同，动机也就不同。这样，在大学生中就有了为了德、智、体、美、劳全面发展、争做优秀学生，为了通过体育达标，为了寻求娱乐，为了展示自己的体育才能，为了健身健美，为了提高成绩等因素的多种动机，这些多种多样的动机是体育锻炼者产生自觉行动的动力，是激励他们去自觉锻炼的主观动因。

贯彻自觉性原则应注意以下几点：

（1）现代社会的竞争，归根到底是人才的竞争。大学生具备了良好的科学文化知识，还必须具有健康的身体，将来为社会主义现代化和人类进步事业多做贡献。只有明确体育锻炼的目的，树立起体育锻炼有利于生活、学习、工作和劳动的观念，才能以主动、积极的态度自觉地参加锻炼和坚持锻炼。

（2）明确"生命在于科学运动"的道理，充分认识体育锻炼的价值，根据自身体质状况选择科学的体育锻炼方法，以取得最佳的锻炼效果。

（3）通过学习，掌握一定的体育锻炼的有关知识和技能，逐渐培养和形成对体育锻炼的兴趣，并对锻炼的效果经常加以分析总结，逐渐形成自觉行为和良好的体育锻炼习惯。

（4）体育锻炼过程中，必须做到意念专一，注意运用"心理调整"等方法，把精神、身体、智慧和心理融为一体。

二 科学性原则

科学性原则对体育锻炼而言，主要是指从事体育锻炼的人应正确掌握运动负荷，选择有利于身心健康发展和增强体质的锻炼方式、方法和项目等，做到锻炼的科学性、实用性。

负荷量指的是运动对人体所产生的刺激程度或引起机体变化的程度。合理的生理负荷是指体育锻炼者承受的生理负荷。也就是说，通过体育锻炼使身体既有一定程度的疲劳，又不会引起生理紊乱或病理改变，以适应身体发展的需要。适量性主要是受运动量和强度的影响。量指的是练习的数量、次数、组数、时间、距离和重量等。强度是指完成练习所用力量的大小和机体紧张的程度，它包括动作的速度、练习的密度、间歇时间的长短、负荷的重量、投掷的距离、跳高的高度等。在我们日常的体育锻炼时，强度加大，量要相应减少；强度适中，则量可以加大。动作质量对运动负荷的大小也有一定关系，应在保证动作质量的前提下，根据锻炼的任务、内容和特点以及参加者的实践，处理好量和强度的关系。适量性问题是同学们参加体育锻炼从自然主义走向科学化的一个突破口，能否有效地获得锻炼的效果，适量性是一个非常重要的因素，因此，同学们应全面深入了解这方面知识并运用到实践中去，在调整负荷时一定要讲科学性。

贯彻科学性原则应注意以下几点：

（1）体育锻炼时，要按个人锻炼计划或运动处方（运动处方是指针对人的健康状况或某种疾病，来确定锻炼的项目内容、强度、运动量和锻炼的注意事项）进行，计划和处方应当严谨，要用会、用好对疲劳的监督指标和克服疲劳的方法。

（2）在每次锻炼过程中，要注意量力而行和自我感觉，同时用必要的生理指标测定。评价测量脉搏是掌握运动负荷比较实用的方法，一般采用以下几种方法：

①用个人接近极限运动负荷的脉搏次数（假如是每分钟200次）减去安静时脉搏次数（假如是每次60次），乘以70%，再加上安静时脉搏的基础60次，是对身体影响最好的运动量。

即（200-60）×70%+60＝98+60＝158（次/分钟）

②以脉搏150次/分钟减去锻炼者年龄数，作为锻炼时的每分钟平均脉搏数。

③以180次/分钟减去锻炼者年龄数，作为锻炼时的每分钟平均脉搏数。

（3）要根据年龄特征、气候情况、劳动强度、睡眠、营养、兴趣等综合因素统筹安排运动量和合理的间歇。间歇时间太短、疲劳没有消除，长期疲劳积累，就会造成过度疲劳；间歇时间太长，机能消退，则收不到良好的锻炼效果。

三　系统性原则

系统性原则是指参加体育锻炼者身体的各个部位、各器官系统的机能以及各种身体素质和基本活动能力，都得到系统而全面的协调发展。

人体的各个部位、各器官系统的机能，各种身体素质和活动能力之间，既相互联系又相互影响、相互制约。例如，只练短跑，可发展速度素质，但对耐力的影响作用不大，对影响健康很重要的心肺功能的发展作用更小；只练短跑不练力量、柔韧、灵敏等素质，那么速度素质的发展也将受到限制。人体是由各个局部构成的一个整体。身体的各个局部均按"用进废退"的规律发展，身体各器官系统长期不使用就会萎缩、退化。全面系统地进行体育锻炼，能够促进新陈代谢的普遍旺盛，使各系统、组织、器官和谐发展，达到身体相对的完善和完美。

贯彻系统性原则应注意以下几点：

（1）身体全面系统的发展，要从适应环境、提高抵抗疾病的能力、改善机体形态、提高机体的功能、愉悦身心、丰富文化生活等方面着眼。

（2）体育锻炼中要注意全面锻炼身体，把身体形态和内脏器官的锻炼结合起来，形成机体全面协调发展。在肢体运动上应多采用各种徒手操、健美操以及发展力量的练习。在发展内脏器官上要以有氧代谢练习为主，如跑步、健身操等，从而使身体形态和内脏器官锻炼内外紧密结合。

（3）在选择锻炼内容上要科学化，要根据大学生年龄和身体状况，尽量全面影响人体，也就是在锻炼中，力求使身体素质和身体各器官得到全面发展，要做到这一点，尽可能选择那些全面影响身体的运动项目，如跑步、游泳等，也可以某一项为主，但一定要辅以其他锻炼内容。

（4）在体育锻炼时，应了解各种练习方法对身体的主要作用，盲目地东练一下、西练一下达不到全面系统的锻炼目的。只有明确了各个项目各种锻炼对身体的主要作用，才能收到良好的效果。

四 渐进性原则

渐进性原则是指体育锻炼必须按人体自然发展、机体适应性规律和超量恢复原理，逐步积累增进健康增强体质的效果。

人对知识技能的认识和掌握，是从低级到高级，从少到多；人体内脏器官系统的机能活动有一定的惰性，因此，安排体育锻炼的内容和方法，要由易到难，由简到繁，由已知到未知，逐步深化；安排运动负荷也要由小到大、不断提高，从而使机体从相对安静状态进入工作状态。人体对外界环境的适应能力和功能的提高有一个逐步变化的过程。如果违背这一原则，就会影响效果，也会损害身体健康。

贯彻渐进性原则应注意以下几点：

（1）体育锻炼力戒急于求成。选择体育锻炼的内容必须建立在符合自己情况的基础上进行。例如，体质好的人可以选择无氧代谢比较大的活动激烈的项目进行锻炼，如球类运动、径赛项目等；体质差的人，应选择活动较缓的项目进行锻炼，如太极拳、散步、慢跑等。不论体质好与体质差的人都应首先进行有氧代谢为主的体育锻炼。

（2）科学研究表明，人体各器官系统的机能不是一下子可以提高的，它是一个逐渐发展、逐渐提高的过程。体育锻炼对有机体产生的生理心理刺激，是受运动负荷大小的影响而发生变化的，因此，必须处理好运动量和强度的关系。一般情况下，增加运动负荷时，应在提高量的基础上进行，强度加大，量要相应减小，强度适中，则量可以加大。锻炼者适应后再做相应的调整，以求得新的健身效果。

（3）人体活动能力的提高，总是由相对安静状态，逐步进入工作状态，然后达到较大的运动负荷能力，最后产生一定的疲劳，使活动能力逐步下降。因此，每次进行锻炼时必须做好准备活动，克服机能惰性，尤其是在气温低的环境中，更应该做好准备活动，以免发生运动创伤和不适应的感觉。锻炼结束时还应做好整理运动，消除疲劳，加快锻炼后的机体恢复。

（4）在学习和掌握体育锻炼的方法和适应外界环境上也应该遵循渐进性原则。

五 经常性原则

经常性原则是指长期不间断地、持之以恒地进行体育锻炼，使之成为日常生活中的一部分。体育锻炼之所以能增强体质，是因为在体育锻炼过程中，机体的分解代谢加强，继而使得到恢复过程的合成代谢加强，从而使机体内部的物质得到补充，并增加积累。这个变化过程的重要条件，在于保持体育锻炼的时间、强度、次数的衔接和连续性。如果间隔过长、中断过久，已获得的效果就会消退，甚至全部消失。因此，体育锻炼必须持之以恒，绝不能"三天打鱼，两天晒网"。

贯彻经常性原则应注意以下几点：

（1）一般的体育锻炼最好是每天一次，每次 30 分钟左右，不能做到每天锻炼的一周也要锻炼 2~3 次，不然的话锻炼效果就不明显，健康水平提高缓慢。

（2）由于体育锻炼后疲劳的不断积累，身体将会产生酸痛等生理反应。随着锻炼效应的增加，体质将会产生质的变化，在这个变化过程中，要坚定决心，用顽强的意志努力完成每次锻炼的内容，克服生理反应，保证锻炼的质量。

（3）体育锻炼的效果并非一劳永逸，要想获得锻炼身体的最佳效果，一定要根据身体适应运动负荷的能力，制定出可行性目标和计划，并长期严格执行。

六 个别性原则

个别性原则是指锻炼者从个人和外界环境条件的实际出发，注重个体差异，在确定锻炼目的、选择运动项目、安排运动时间和运动负荷时，因人而异，区别对待。这是人们进行体育锻炼的根基，是锻炼效果好坏的基础。

在身体锻炼中同样的生理负荷量对于不同的对象，可因个体差异而有不同的效果。同样的生理负荷，不同年龄、不同性别的人的反应是不同的。因此，个别性原则既关系到锻炼效果，又直接影响参加者的体质与身体锻炼。身体锻炼中的个别性包括以下三个方面：

（1）年龄特征。不同年龄阶段，各器官系统、结构、形态和生理功能都有不同的特点。

（2）性别特征。男女性别在形态、生理、心理方面有一系列的差异。

（3）体质与健康状况。相同的刺激对不同的个体可能导致完全不同的效果。因为每个人的体质和健康状态并不相同，用同一生理负荷要求，就可能有人适应，有人过量，有人嫌不足。因此，要收到锻炼的最佳效果，应使生理负荷达到不同个体的生理适宜范围。

七 安全性原则

安全性原则指体育锻炼中为了保证体育锻炼的安全，应遵循科学规律、合理安排锻炼的内容和方法，避免出现安全事故。

从事任何体育锻炼都要注意安全，如果体育锻炼安排得不合理，违背科学规律，就可以出现伤害事故。为了保证体育锻炼的安全，锻炼者应做到以下几点：

（1）体育锻炼前做好充分的准备活动，等身体各器官系统的机能进入活动状态后，再进行较剧烈的运动。

（2）体育锻炼要全身心投入，体育锻炼过程中不要追打吵闹，这对学生尤为重要，有时稍不注意，就可能出现运动损伤。

（3）在进行跑步、健美操等体育锻炼时，最好不要在沥青马路和水泥地面上进行，以防出现各种劳损症状的出现。

●●●● 第二节 体育锻炼的常用方法 ●●●●

采用科学合理的体育锻炼方法，能有效地提高运动能力和健康水平。常用的体育锻炼方法有以下几种：

一 重复锻炼法

重复锻炼法是指在做某种练习的过程中，反复进行练习，以使负荷量达到运动负荷的有效范围。重复次数的多少不同，对身体的作用也就不同。重复的次数应根据具体锻炼的项目、个人体质水平、健康状况和锻炼的时间而定。在运用重复锻炼法时，必须善于体会重复锻炼所产生的生理负荷反应。达不到运动负荷有效范围时，要增加重复次数；当负荷适宜时，就应该保持已定的重复次数；超出负荷有效范围时，就应减少重复次数或者停歇。

二 间歇锻炼法

间歇锻炼法是指在体育锻炼时，在达到一定指标的前提下，重复锻炼的强度及期间的合理休息。间歇时间的长短和重复次数的多少，要根据锻炼的项目、体质、气候等不同情况而产生的不同生理反应来确定，它不是固定不变的。在每次锻炼中主要以运动负荷的有效范围来调节。后一次锻炼应在前一次锻炼的"效果"未消退时进行，如果间歇时间过长，就将影响锻炼效果。

三 连续锻炼法

连续锻炼法是指锻炼者从增强体质的效果出发，接二连三地连续进行练习。连续锻炼时间的长短，同样要根据负荷价值有效范围而确定，通常在 140 次/分左右心率下连续锻炼 20~30 分钟，可使机体的各个部位都长时间地获得充分的血液和氧的供应，因而能有效地发展有氧代谢能力。实践中，用于连续锻炼的主要是那些比较容易、并已为锻炼者所熟悉的动作，可以是跑步、游泳，也可以是跳健美操、体育舞蹈等。

四　变换锻炼法

变换锻炼法是指在锻炼过程中，采用变换环境、条件、要求等，用来提高体育锻炼效果的一种锻炼方法。利用这种方法可以有效地调节生理负荷，提高兴奋性，强化锻炼意志，克服疲劳和厌倦情绪，以达到提高体育锻炼效果的目的。例如，长跑锻炼者多次在运动场内进行数千米的跑步锻炼，就会觉得枯燥无味，可改变环境或改变跑步形式，如在校园林间小道或校外公路或乡间原野或结伴而跑等，都会提高锻炼效果。

五　循环锻炼法

循环锻炼法是指将各种类型的具有不同练习效果的手段组合起来进行锻炼的方法。一组练习的手段可采用几个或十几个，分设成若干练习"站"。这些锻炼内容必须搭配合理，并简单易行。练习顺序要符合生理机能和体育运动锻炼规律，重复次数、适宜的间歇，都必须符合运动负荷的有效范围的要求。

用这种方法进行锻炼，可循环 3~5 个回合，连续用 20~30 分钟即可。由于各"站"的运动器具不同、要求不同，可提高锻炼情趣和锻炼密度，获得较好的健身效果。

六　游戏、比赛锻炼法

游戏和比赛方法最明显的一个特点是具有竞争性，对提高大学生练习的积极性和进取精神起着很大的作用。游戏和比赛一般都是在不断变化的环境中进行的，除了规定条件外，大学生都可以发挥自己的主动性和创造性，见机行动，适应不断变化的环境。这对于培养大学生的独立思考、判断能力和团队精神有积极的作用。

游戏和比赛的内容和形式可以多种多样，大学生可以根据锻炼的需要自行创设。既可用于一般的或专门的身体训练，也可用于技术、战术训练，还可作为身体恢复的措施和手段。例如锻炼结束前，安排一两个有趣、轻松、愉快的游戏，就能达到放松恢复的效果。在技术训练中，可以比赛所学的技术动作如定点踢球的准确性、绕杆射门的稳定性等，对巩固、提高技术也具有很好的作用。

因此，游戏和比赛锻炼法可在不同训练水平的大学生，不同练习时间、不同练习阶段中广泛地运用。

●●●● 第三节 体育锻炼的内容与计划 ●●●●

一 体育锻炼的内容

体育锻炼的内容根据锻炼目的可分为以下五类。

（一）健身运动

健身运动是指正常健康者为增进健康、增强体质而从事的体育锻炼。主要使身体正常发育，身体各部分协调发展，增强人的各器官系统的机能和减缓人的身体各器官系统功能的衰退，发展身体素质，以及提高身体的基本活动能力，如走、跑步、太极拳、武术、游泳、骑自行车、划船、滑冰、体操及各种球类活动等。

（二）健美运动

健美运动是指为了形体健美而进行的体育锻炼。这类活动不仅可以增进健康还可以培养审美能力和身体的表现能力。如为了发展肌肉，采用举重和器械练习；为了形成良好的体型与姿态，采用艺术体操、健美体操、各种舞蹈和基本体操中的一些力量练习等。

（三）娱乐性体育

娱乐性体育是为了调节精神、丰富文化生活而采用的体育活动。这类活动使人的身心愉快，既锻炼了身体，又陶冶了情操，如活动性游戏、渔猎、游园、郊游、打台球、从事户外活动等。

（四）格斗性体育

格斗性体育是指掌握和运用格斗的攻防技术（包括军事技术）的体育锻

炼，达到既强身又能自卫的目的，如擒拿、散手、推手、短兵、拳击、刺杀、射击等。

（五）医疗体育和康复体育

医疗体育和康复体育也叫体育疗法。这类体育锻炼的对象是体弱有病的人，其目的是祛病健身，恢复功能。进行医疗体育和康复体育锻炼时一般应在医生的指导下进行。这类锻炼内容主要有步行、跑步、气功、太极拳、按摩、各种保健操、矫正体操等。

另外，选择体育锻炼的内容要从实际出发，讲究实效，尽量考虑到该项目的锻炼价值，不要贪多，力求简单易行。同时，要考虑季节气候，因时因地制宜。还可以利用节假日组织野外活动，以弥补城市生活和学校生活的不足。

二　体育锻炼的计划

制定体育锻炼计划的目的在于使大学生的学习、工作和锻炼有一个科学合理的安排，做到德、智、体、美、劳全面发展，避免锻炼的盲目性和片面性，同时也便于检查锻炼效果和总结锻炼经验。

（一）体育锻炼计划的依据

（1）从实际出发。在制订计划时，要考虑主观因素和客观因素，如年龄、性别、体质、基础、场地、器材、气候、时间等因素，制订出切实可行的计划。通过反复练习，不断修改充实，使计划更科学、更完善。

（2）全面锻炼、循序渐进。在制订计划时，必须根据自己的体质条件、素质水平和爱好等，既要注意全面发展，又要注意自己的特点和弱点；既要考虑自己的爱好，又要注意锻炼的效果。在整个内容安排上应遵循由简到繁、由易到难；在运动量的安排上应遵循由小到大、逐步增加的原则。做到既科学，又全面；既要达到增强体质的目的，又不要影响学习与工作。

（3）达标与体育课学习相结合。锻炼内容要与"学生体质健康标准"和体育课内容相结合，这样既能通过一段时间的锻炼，达到"学生体质健康标准"

的要求，又能使体育课所学内容得以复习、巩固和提高。

（4）自我监督和医务监督。在制订和执行锻炼计划时，要注意自我监督和医务监督，最好能写锻炼日记，以便及时发现问题，及时加以调整，使锻炼计划不断完善，锻炼效果不断提高。

（二）体育锻炼计划的内容

根据学校特点，学生在制订锻炼计划时，一般以一年或一学期为一个锻炼周期，以此来确定每周早操、课外活动的锻炼次数及每次锻炼的时间。（表8-1、表8-2）

表8-1　体育课锻炼周次数和时间（小时）计划表

	春（秋）学期（次）	时间（小时）	夏（冬）考试期（次）	时间（小时）	暑（寒）假期（次）	时间（小时）
早操	3~5	0.5				
课外活动	2~3	1.5	2~3	1	3~4	2

表8-2　无体育课锻炼周次数和时间（小时）计划表

	春（秋）学期（次）	时间（小时）	夏（冬）考试期（次）	时间（小时）	暑（寒）假期（次）	时间（小时）
早操	3~5	0.5				
课外活动	3~4	1	2~3	1	3~4	2

安排锻炼计划时要注意以下几点：

（1）期末准备考试和考试期间仍要坚持经常性的体育锻炼，但周锻炼次数和每次锻炼的时间以及锻炼强度和量可以相应地减少。

（2）早操时间不宜过长，一般不超过30分钟。而且早操活动强度宜小，不宜进行剧烈运动，以不出现疲劳为度。

（3）课外活动时间为1~1.5小时，课外活动应在晚饭前半小时结束。

（4）若在睡眠前进行晚锻炼时，主要结合洁净身体的冷水浴锻炼，不宜进行剧烈活动，以免影响睡眠。

各种体育锻炼计划制订比较复杂，学生只要掌握了周锻炼计划，就可以在实际中运用。这种方法简便易行，现以大学一年级某男生为例（表8-3）。该生以全面发展身体为主，表中各项内容均应有一定的强度、量和时间要求，具体因人、因时、因地酌定。注意课外体育活动时间，尽量不要安排在有体育课的当天进行。

表8-3 周锻炼计划

	早　操	课　外　体　育　活　动
周一	柔韧性练习 晨跑3000米	
周二		耐力跑2000米、球类活动20分钟、腰腹力量练习
周三	晨跑3000米 引体向上或仰卧起坐	
周四		30~60米反复跑3~5次，复习体育课内容，球类活动20分钟
周五	晨跑3000米 立定跳远或跨跳练习	
周六		野外活动或其他活动
周日		野外活动或其他活动

••●● 第四节 常用体育锻炼的方法 ●●••

为增进健康，防治疾病，常用的体育锻炼方法有以下几种：

一 步行锻炼法

（一）步行锻炼的意义

步行之所以能成为人们进行健康锻炼的良好手段，自然有着诸多的原因。首先，人们在不花任何费用的情况下，可以在任何时候、任何地方，与任何人一起进行活动。其次，步行是一项有趣的运动，它极易掌握。最后，参加步行锻炼不需要什么特殊的装备，有一双穿着舒适的运动鞋即可。

1. 以锻炼身体为目的

步行作为一种锻炼手段对身体会起到什么样的作用呢？对这个问题的回答取决于你希望得到什么，即你想维持健康还是保持体形。尽管步行不能像力量练习那样使你增加肌肉力量，也不能像登山或游泳那样在短时间内显著地提高有氧工作能力，但你可以发现步行的神奇效果。例如，以100米/分左右的速度步行15分钟，其消耗的能量与以270米/分左右的速度骑自行车6分钟相当。由此可见，步行能消耗大量的能量物质，对增进健康有着积极的作用。

2. 以放松为目的

现代生活中，人们的工作非常忙碌，尤其是从事脑力劳动以后，许多人会感到精疲力竭。步行可以使你的身心得到放松，从而缓解各种生活和工作的压力。对步行者的调查结果显示，绝大多数人都认为步行锻炼不仅能给他们带来满足感，还使他们的思维更清晰，注意力更集中。

（二）步行应注意的问题

步行锻炼中的技术主要体现在步幅、身体姿势和步行速度等方面。锻炼者尽可能地在步行中去注意技术的要领，但大可不必被其束缚或强迫自己做到每一点。但如果你想改进步行技术的话，请关注以下几个方面：

1. 步幅

步幅应自然而又舒适，步幅过大会降低动作的协调性，并使机体过早地进入疲劳状态。步行时踝关节以上的整个身体应稍向前倾，在相对放松的情况下自然地确定你的步幅。

2. 身体姿势

步行时身体不能僵硬，头部和躯干应保持正直，小腹微收，快速行进时身体略向前倾。良好的身体姿势不但对步行有益，而且还能有助于你在日常生活中体现挺拔的身姿和自信的形象。

3. 步行速度

稳健而又轻快的步伐可以使步行的健身效果得到充分的发挥。对普通锻炼者来说，以80~110米/分的速度步行较为理想。如果以步频来推测步行速度，那么120步/分是比较合适的基础频率。当然，步行的速度最终还是由你的身体条件和兴趣爱好而定的。

二 跑步锻炼法

（一）跑步锻炼的意义

绝大多数人参加跑步的目的不外乎保持优美体形和健康两大方面。跑步是一种有关肌肉反复活动的全身性有氧运动。肌肉活动必须有能量的提供才能完成，跑步则消耗大量能量物质。因此，利用跑步消耗体内过剩的热量有助于减少脂肪和控制体重。

1. 跑步与能量消耗

跑步所消耗能量的多少取决于运动的强度和持续时间。以 270 米/分的速度跑 30 分钟所消耗的热量，要比以 135 米/分的速度步行 30 分钟所消耗的热量多得多，同样是活动 30 分钟，跑步行进的距离成倍于步行，运动强度也大得多。但无论是慢步走还是快跑，一个中等身材的人移动 1000 米消耗的热量一般在 62~75 千卡。不过在运动后的恢复期内还要消耗相当多的热量，这就是为什么马拉松跑消耗热量远远大于 10000 米跑的原因。

2. 跑步有利于健康

跑步锻炼可以维持良好的身体机能。随着科技的发展，机械化和自动化程度会进一步提高，脑力劳动相对增加，而体力劳动越来越少。身体活动的减少将使心肺功能下降，患心血管疾病的可能性增加。而跑步可以提高心肺功能，消除聚集在动脉壁上的胆固醇。因此，跑步是个人，尤其是脑力劳动者预防疾病、保持健康的良好方法。

3. 跑步有利于放松

研究表明，跑步有降低焦虑、缓解紧张、减轻抑郁等作用。跑步后人们往往体验到强烈的自我价值感和对生活的热爱。生理机制的研究已经验证，在一定的时间内人体自身要释放一定精神压力和痛苦。

（二）跑步时应注意的问题

由于没有完全一样的身体结构，也就不会有绝对相同的跑法。跑步没有固定的模式，但必须重视那些对提高跑步健身效果、减少运动损伤具有普遍性指导意义的方法。

1. 呼吸

跑步中如何呼吸是一个需要注意的问题。一般以腹式呼吸为主，其与呼吸深度大、空气较多通过口腔进入的胸式呼吸不同。腹式呼吸往往是通过鼻腔进行较深的呼吸，这样的呼吸方式对长距离跑更为有利。采用腹式呼吸还能有效防止肋部疼痛，因为胸式呼吸易造成膈肌缺血、缺氧而引发肋部疼痛。另外，中长跑的呼吸应和步频协调配合，一般是两三步一呼，两三步一吸，有节奏地进行。跑步过程中应将注意力更多地集中于呼吸运动，有助于进入"忘我"的境界，可减轻身体不适感，使各机能之间更加协调。

2. 跑步锻炼计划的制定

锻炼者应根据自己的具体情况来制定循序渐进的身体锻炼计划，运动强度的大小一般可通过心率指标来确定。首先测得每分钟的安静心率，然后计算出与最高心率相对应的百分数。最高心率 = 220 − 年龄。小强度为最高心率的60%～65%，中等强度为70%～75%，大强度为80%～85%。

3. 跑步的负效应

跑步方法不正确，可能有损于健康。这是因为跑步时，腿和脚不断地接受来自地面的反作用力，锻炼不当也会因过度负荷而引起肌肉、肌腱、韧带以及下肢骨的急慢性损伤。因此，在做到量力而行、循序渐进的同时还应注意按照正确的技术进行锻炼。另外，选择合适的运动鞋也很重要。

三　游泳锻炼法

（一）游泳的作用

在水中游泳与岸上跑步同样的距离相比，游泳时消耗的能量是跑步的4倍，人体通过克服来自前进中的阻力获得对肌肉力量和耐力的锻炼。由于水的浮力减轻了人体的负担，水的良好导热性又帮助锻炼者散发运动时产生的热量，因此，游泳锻炼虽然消耗的能量较多，但心率却相对处于较低水平，是一种更为安全的健身方法。

（二）游泳时应注意的问题

1. 注意动作技术的正确与协调

游泳技术有多种，除了常见的蛙泳、自由泳外，选择适合自己的游泳姿势和技术，对游泳锻炼意义重大。

2. 游泳的呼吸动作应有节奏地进行

一般与泳姿关系密切，如自由泳，两臂各划一次做一次呼吸。以右侧呼吸为例，右手入水后，口鼻开始逐渐呼气并同时向右转头，右划水结束提肘出水时迅速将口转出水面，快速呼出余气并立即吸气。右臂前移过肩时停止吸气并闭气将头转正，右臂随之前移入水。其他泳姿根据自身的特点来配合呼吸。

四 跳绳锻炼法

（一）跳绳的作用

坚持跳绳锻炼能有效提高心血管系统的功能，提高肌肉长时间工作的能力。不仅普通人可以通过跳绳来锻炼身体，就连对心肺功能和肌肉耐力要求极高的拳击运动员们也常将跳绳作为身体练习的重要手段。此外，跳绳对速度、灵敏、协调等体能成分也有较高的要求。对于肥胖的人来说，很难找到比跳绳更好的减肥方法。

（二）跳绳的装备

跳绳的绳子可由许多不同的材料制成，有的绳子两端带有木制或塑料的手柄。没有手柄的绳子可在两端打上结，这样使用起来比较方便。绳的长度一般以脚踩绳子中央，两手握绳分别至腋下为宜。跳绳时，应穿比较紧身的运动服和富有弹性的运动鞋，这样可以防止因服装过于宽松而妨碍活动，或因鞋子不能有效地缓冲外力而引起脚部损伤。

五 有氧操锻炼法

有氧操是一种充满活力的体育锻炼方法，在提高心血管系统和呼吸系统工作能力方面具有明显的作用。通过有氧操锻炼可以使你的体重得到有效控制，而良好的体能和健美的身材使人增强自信。另外，有氧操练习中体验到的轻松和快乐，还能减轻精神上的烦恼和痛苦，使情绪得到改善。

有氧操为人们提供了一种既经济又实用的体育锻炼方法。一般的有氧操不需要什么特殊装备，只要在服装方面稍加注意即可。着装以舒适和便于活动为原则，包括紧身衣、中短裤、T恤衫和软底鞋。可以通过参加学校或社会办的健美班、体育俱乐部等进行有氧操锻炼，也可以在家中跟着电视中的有氧操节目一起做或边看录像边进行有氧操锻炼。

（一）高冲击和低冲击有氧操

有氧操一般可分为高冲击和低冲击两类，其中以高冲击有氧操更为常见。高冲击有氧操主要由各种跑和跳组合而成，而反复地接受来自坚硬地面的反冲力，下肢骨和肌肉较易受伤。低冲击有氧操则不同，它以轻松的步伐变换和身体不同部分合理的运动组合贯穿始终，有效地缓解来自地面的外力，最大限度地避免下肢因局部负荷过度而引起的损伤。为了使心率达到理想的水平，低冲击有氧操相应增加了上肢的活动。两臂的活动要根据步伐和身体的运动协调控制，即不可随心所欲地胡挥乱舞。低冲击有氧操并非意味着降低强度，与高冲击有氧操一样，低冲击有氧操通过提高心率水平并保持一定的时间，使心肺功能得到锻炼。这种方法更适合初学者、肥胖者、慢性运动损伤者、孕妇及高龄人群等。

（二）水中有氧操

越来越多的有氧运动指导者提倡在水中进行有氧操锻炼。水的浮力可以减轻身体承重部分的负荷，减少运动对这些部分的震动。那些原先在陆上练习时紧张工作的肌肉，在水中运动时可以得到很好的休息。因此，水中有氧操对运动损伤的恢复具有积极的作用，并得到广泛的关注，是有氧操中最安全的一种。

（三）踏板有氧操

这种练习的主要器材由踏板组成。将踏板做成长宽适宜，每块高 4~8 厘米，相互可以叠加成扁平箱体。表面以防滑橡胶等柔性物质包裹则更好。踏板有氧操适合于各种不同年龄层次的人进行锻炼，其特点是运动强度的调整比较容易，即通过增减踏板的数量，或对高度进行调整以达到某一强度。下面是踏板有氧操练习的要求和建议：

（1）练习中必须保持抬头挺胸、上体稍前倾的躯体姿势，但上体前倾不能过度，否则易引起腰背不适。

（2）根据身高调整踏板高度，以膝关节角度大于90°为宜。

（3）前脚踏步上板应以全脚掌接触板面。

（4）后脚应柔缓地着地，落地点离板不宜过远。

（5）注意前脚蹬板的方向。

（6）要穿比较结实的鞋子，以鞋底柔软而富有弹性、鞋帮稍高为佳。

（四）负重下的有氧操锻炼

手持轻器械或在手腕处戴上专用的负重物进行各种形式的有氧操练习。两臂在负重条件下进行摆动和上下运动，加大了运动强度，比徒手练习消耗更多的能量。然而，负重练习有氧操会使收缩压和舒张压进一步提高，故心脏病和高血压患者不宜采用。此外，为避免引起肩部疼痛，应将运动幅度控制在肩水平以下。

（五）有氧操锻炼注意事项

初次参加体育锻炼或身体有疾患的人，在开始进行有氧操练习前，应咨询一下专业人员，以确定自己锻炼的起始点。为确保安全，过度肥胖或有心脏病家史的人应征得医生认可或经耐受能力测试后，方可开始练习。锻炼中要定时测定心率，了解心率变化是否在限度以内。正式活动开始前的准备活动不容忽视。强度和难度的安排应做到从小到大，由易到难逐渐过渡。正式练习后应进行放松整理活动。

六 自行车锻炼法

在发达国家，自行车是一项受到人们广泛喜爱且老少皆宜的锻炼项目。我国是世界上首屈一指的自行车大国，有着自行车锻炼的巨大潜力。

自行车锻炼能使人体在生理上产生理想的应激反应。通过锻炼能有效地增强肌肉力量，提高机体的耐久力，并使体重得到控制。另外，在有关身体健康的研究中，几乎没有因自行车锻炼的过度负荷而导致运动损伤的报道。因此，自行车锻炼不仅可以成为人们日常进行体育锻炼的良好手段，还能在受伤后的恢复期内作为保持身体活动能力的有效替代练习。

自行车的品种繁多，功能各异。有作为交通工具的普通自行车、有骑车旅行用的越野自行车、有适合穿山越岭的山地自行车，还有各种竞赛用的自行车等，无论哪一种都可以用来进行身体锻炼。野外骑自行车锻炼时，必须把安全问题放在第一位，除了考虑气候条件、地理环境和交通状况等安全因素，为了最大限度地减少由突发事件造成的伤害，建议外出进行自行车锻炼时要戴上自行车专用头盔。选择了自己喜欢的自行车以后，还要注意日常的维护和保养，经常检查行走系统和刹车的状态是否完好，以确保安全。自行车坐垫的高低与锻炼质量有直接关系，调整坐垫高度的方法是以骑坐在自行车上，当踏脚板绕至离地面最近时，膝关节稍屈大约10°为宜，膝关节弯曲过多会引起大腿肌肉群的酸痛而影响骑行距离和持续时间。

七 日光浴锻炼法

使人体皮肤直接在阳光下照晒，按照一定的要求（如阳光的照晒强度、照晒的顺序和时间等）进行，称之为日光浴。

太阳中的红外线（即热线，约占阳光中的60%）的温热可深入身体内部起加热的作用，使人体深层组织的血管扩张，促进血液循环，使心跳强而有力，呼吸加深，全身新陈代谢旺盛。

太阳光中的紫外线，是肉眼看不见的光线，具有很强的杀菌能力，一般病菌在阳光下直射几十分钟即可死亡。紫外线能刺激身体的造血机能，使血液中的红细胞数量增多，使皮肤里麦角固醇转变为维生素D，而维生素D能促进钙、磷的吸收。因此，日光浴能防治软骨病或佝偻病，促进儿童少年的生长发育。紫外线还能使人体获得健康的黝黑色，皮肤表皮增厚，对外界的机械、化学和温度的刺激的抵抗力得到增强，皮肤的屏障作用得到提高。经常坚持日光浴，还能促进人体调节体温的能力。

我国人民很早就知道阳光对人体的作用，在民间就有"太阳不照临，医生常进门"的谚语。

（一）日光浴的方法

（1）姿势：卧位、坐位均可，但不宜照射头部，应当用浴巾、草帽或伞遮挡头面，戴上墨镜更好。

（2）时间：日光浴的时间一般选择在一天中光热合适的时候。开始时，持续时间应短些，如果身体反应良好，可逐渐增加到1h，具体可依地区、季节不同灵活掌握。

（二）日光浴注意事项

日光浴宜从天气转暖时开始，并在夏天坚持下去。夏季阳光强烈，做日光浴时，要特别谨慎，掌握时间和日照强度，避免过量的紫外线照射对人体产生不良影响，防止皮肤灼伤和中暑。

八　空气浴锻炼法

空气浴主要是利用气温和皮肤之间的温度差异，形成对人体的刺激，使体温调节机能适应外界温度的变化，以提高其机能活动能力。

平时，在皮肤和衣服间的温度经常保持在27℃~33℃之间，当衣服脱掉后（或冬天穿上单薄的衣服），外界的空气和气温会不断对人体产生新的刺激，有机体为了维持体温平衡，通过神经反射作用可改善体温调节机能，提高人体对外界环境温度变化的能力。空气浴能改善内分泌的功能，使血液中的17-酮类固醇增多。这种肾上腺皮质激素能使身体的抵抗力增强，抵御多种疾病，并有助于贫血、肝炎、慢性气管炎、肺结核、心脏病等患者早日康复。在新鲜空气中进行空气浴，由于氧气丰富，阴离子浓度高，能使中枢神经系统、血液循环和呼吸系统的机能增强，提高有机体的新陈代谢、抵抗疾病能力和预防各种呼吸系统的疾病。有人把空气离子称为"空气维生素"。

（一）空气浴的方法

空气浴是让人体皮肤接触新鲜空气来锻炼身体的方法，空气浴的作用不但取决于气温，还必须同时考虑空气的流速、湿度、气压以及空气中的化学成分（阴离子和阳离子的含量）。空气浴的方法极为简便，如早晨起床时晚穿一会儿衣服，晚上睡觉时早脱一会儿衣服，让身体多接触一些新鲜空气；在日常生活、劳动及运动时，适当少穿衣服；养成夜间开窗睡觉的习惯，如果不是刮大风或气温过低时，都要留一个小窗口，让新鲜的冷空气进来。空气浴应从温暖季节开始，逐步向寒冷季节过渡。天气越冷，每次锻炼的时间越短，以不出现寒战为度。在一天中空气浴最好的时间是旭日东升的清晨，而年老体弱者则宜在上午 9~10 时或下午 3~4 时进行。空气浴时，最好与体育活动结合起来进行。

（二）空气浴注意事项

（1）空气浴时应尽量少穿衣服，在空气新鲜的地方进行。空气浴可分为冷空气浴、凉空气浴和暖空气浴。一般应从暖空气浴开始，每天坚持锻炼。

（2）空气浴最好在树林繁茂、长满庄稼的地方或江、河、湖岸、海滨进行，人口稠密的公共场所不适合空气浴。

（3）空气浴的持续时间应严格掌握。在一次空气浴过程中，身体因冷空气的刺激，会出现三个阶段的反应，即寒冷、温暖、寒战。当身体出现不自主的颤抖和寒战时，应立即着衣结束空气浴，或从事体力活动让身体发热，否则，将会发生各种不良反应。

九 冷水浴锻炼法

冷水浴主要是利用水的温度、机械作用和化学作用来锻炼身体。

冷水浴能增强人体中枢神经系统的功能。人体接触冷水后，能使大脑皮质和体温调节中枢立即兴奋起来，调动全身各器官系统的活动，抵御寒冷的刺激，长期锻炼下去，可以防止脑细胞的衰老和死亡，对神经衰弱和头痛失眠还有一定的治疗作用。冷水浴能增强心血管系统的功能。冷水浴时能动员贮存的肝脾等血库的血量参与循环，不仅锻炼了心肌功能，还随着血管的自然收缩和扩张运动，起到"血管体操"的作用，从而增强了血管的弹性和韧性，防止胆固醇在血管壁沉积，避免高血压、动脉硬化和冠心病的发生。冷水浴还能增强呼吸系统的功能，其机制在于通过加大呼吸深度和加快呼吸频率，使呼吸肌和膈肌得到锻炼，增强肺和气管的弹性，提高御寒能力，减少感冒的发生。

另外，冷水浴还能使身体的热量消耗增多，防止过多的脂肪积聚在皮上组织而形成肥胖病，还能通过更多的机械性摩擦，使皮肤弹性增强，皱纹消失，保持健美的皮肤。

（一）冷水浴的方法

（1）冷水擦身：冷水擦身在冷水浴的初级阶段采用。先从上肢开始，依次用冷水擦颈部、胸部、背部和下肢，然后用毛巾擦干，并按血液回心方向擦摩皮肤到发红。冷水擦身的时间一般不超过 2~5min。

（2）冷水淋浴：冷水淋浴是很有效的水浴。淋浴锻炼的开始阶段，水温以 30℃~35℃为宜，淋浴时间不超过 1min。以后水温逐渐降低到 15℃或更低些，淋浴时间可增到 2min。淋浴后一定要用干毛巾擦摩身体。

（3）冷水浸浴：冷水浸浴（即将身体泡入冷水中）是最有效的冷水浴锻炼方法。行浴时，要与空气、日光对机体以综合作用相结合，最好从夏季和秋季开始。应该牢记，冷水浴的主要因素是水温，而不是时间的长短。每次持续的时间，要因人而异，以不出现寒战和口唇青紫为度。浸浴后擦干身体，穿好衣服使身体保暖。

另外，除了全身水浴，还可采用局部水浴的方法。其中最常见的是每天睡觉前坚持冷水洗脚，早晨和晚上坚持用冷水含漱咽喉、洗脸，这些方法能使对寒冷最敏感的部位得到较好的锻炼。

（二）冷水浴注意事项

（1）冷水浴应从暖和季节开始，尽可能每天坚持锻炼。随着季节从暖变寒，水温从暖变冷，人体也随之逐渐适应这种变化。每次冷水浴的时间，以自我感觉舒适为准。

（2）冷水浴前，要做好准备活动，使身体发热后再进行冷水浴锻炼，但不要在满身大汗时进行。冷水浴结束后，要擦干身体穿好衣服注意保暖。

（3）冷水浴最好在早锻炼后进行。如果条件允许，可把冷水浴和热水浴结合起来进行，这样增大了水温的变化对人体的刺激，更利于提高有机体的适应能力，增强血管的弹性。但这要在冷水浴锻炼的基础上进行。

（4）患有严重高血压、冠心病、急性肝炎、空洞性肺结核、活动性风湿病及高烧的病人，妇女妊娠期和月经期以及出大汗后不宜进行冷水浴。

第九章 运动性伤病保健康复

第一节 运动性疲劳

一 运动性疲劳的产生

运动性疲劳是指运动过程中，机体工作（运动）能力暂时下降，但经过适当的休息和调整后，可以恢复原有机能水平的一种生理现象。运动后出现的正常疲劳对身体并无损害，而是对身体的一种保护性信号（或称保险阈），它提示人们注意不要过度疲劳。并且在运动锻炼中，生理机能与运动水平的提高就是在疲劳—恢复—再疲劳—再恢复的良性循环里实现。

疲劳是由多方面原因引起的。运动性疲劳是一个复杂的问题，由于体育锻炼的形式不同，产生疲劳的原因也不同。生理学家通过研究发现，运动性疲劳是一个综合性的复杂过程，它与人体多方面的因素及生理变化有关。

（一）运动能力与身体素质的变化是导致运动性疲劳的因素

人体的运动能力和身体素质与身体各器官、系统功能紧密相关。身体素质就是人体各器官、系统的功能在肌肉工作中的综合反应，各器官功能的下降，必然影响运动能力与身体素质。例如，长时间肌肉活动导致肌肉功能下降时，力量与速度等必然会下降，于是在完成各种运动练习时，往往会感到力不从心；在耐力性运动中，如果心肺功能下降，承受耐力负荷的能力亦随之降低，机体就会因疲劳而工作能力降低。

（二）体内能源贮备的减少和身体各器官功能的降低是导致疲劳的重要原因

供给机体消耗的能源物质主要是腺苷三磷酸（ATP）、磷酸肌酸（CP）、糖原和脂肪，其中在运动中发挥重要作用的是腺苷三磷酸、磷酸肌酸和糖原。如果运动中这些能源物质大量消耗，体内能源物质供给不足，就可能造成身体机能下降。不少实验研究表明，当人体从事运动导致疲劳时，往往伴随体内能源物质消耗较多的现象，在 10s 以内的短时间大强度运动造成的疲劳主要是磷酸肌酸的大量消耗所致，肌肉内的磷酸肌酸可降低至接近最低点；而在长时间耐力性持续运动中造成肌肉的疲劳主要原因是肌糖原及血糖含量均在大幅度下降。能源贮备的消耗与减少，会引起各器官功能的降低。

（三）精神意志因素也与疲劳密切相关

当身体疲劳达到一定程度时，主观上往往会有疲劳的感觉，这种疲劳感也可以说是疲劳的主观信号。而运动中人体各器官、系统的活动都是在神经系统指挥下完成的。神经系统功能的降低、神经细胞抑制过程的加强都会使疲劳加深。此时人的情绪意志状态与人体功能潜力的充分动员关系极大。事实上，人体往往在感到疲劳时，机体尚有很大的功能潜力，能源物质远未耗尽，良好的情绪意志因素可起到动员机体潜力、推迟疲劳的发生。因此，进行运动时，应该全身心投入，保持积极高涨的运动情绪，这对推迟疲劳发生、增进锻炼效果有重要的作用。

（四）代谢产物堆积

体育锻炼过程中能量物质大量消耗的同时，体内的代谢物急剧增加，代谢产物的堆积可造成体内的代谢紊乱，如乳酸、H^+、Ca^{2+} 等。在所有的代谢产物中，乳酸是造成身体疲劳的主要物质。乳酸是糖原在缺氧状态下的分解产物，乳酸在体内的堆积可使肌肉和血液的 pH 值下降，引起脑和肌肉工作能力的下降，特别是在无氧工作中，乳酸被认为是疲劳产生的重要原因。除此之外，脂肪代谢产生的酮体、蛋白质代谢产生的氨类物质在体内的堆积都可以使身体疲劳。

（五）水盐代谢紊乱

在炎热的天气进行体育锻炼，身体大量排汗，若不注意补充水分或补水不科学，都可能造成体内的水盐代谢紊乱，使血浆渗透压改变，引起细胞内外水平衡失调，造成身体机能下降。

（六）保护性抑制

人体的各种体育锻炼都是由大脑细胞发放神经冲动支配的，神经细胞长时间兴奋，也会导致神经细胞本身的工作能力下降。为了避免进一步消耗，神经细胞会产生保护性抑制，因而会造成整体工作能力下降。另外，大脑细胞对单调刺激更容易产生疲劳，所以，在长跑等体育锻炼中，两腿周而复始的机械运动对大脑皮层的单调刺激极容易使神经细胞产生保护性抑制。

体育锻炼的项目多种多样，不同运动项目导致疲劳原因的侧重面会有所不同。如短距离跑项目，导致疲劳的原因可能主要是大脑运动区域神经细胞的保护性抑制；缺氧程度较深的中距离跑项目，导致疲劳的主要原因可能是代谢产物堆积过多及内环境稳定性失调；超长距离跑等耐力项目，则可能主要是因为体内能源物质消耗过多而引起疲劳。

二 运动性疲劳的判断方法

科学地分析体育锻炼的疲劳症状，及时判断疲劳的出现是防止过度疲劳、提高锻炼效果的重要保障。体育锻炼者应掌握一些常用的疲劳判定方法。

（一）主观感觉

主观感觉是自我判断身体疲劳的重要依据。如果体育锻炼后虽然工作能力下降，但却感到身体轻松、舒畅，食欲和睡眠情况较好，并有一种舒服的疲劳感，就说明这种疲劳是体育锻炼的正常反应。如果体育锻炼后，感到头昏、恶心甚至呕吐、胸闷，食欲减退，呼吸节律紊乱，执行口令缓慢等，身体明显疲劳，甚至厌恶体育锻炼，就说明身体疲劳程度较重，应及时调整活动量或停止锻炼。

（二）一般观察

体育锻炼后可观察锻炼者的机体反应。运动后锻炼者面色苍白、眼神无光、反应迟钝、情绪低落，说明锻炼者的疲劳较重。

（三）简易生理指标测定法

运动性疲劳最明显的特征是肌肉力量下降。体育锻炼后肌肉力量不但不增加，反而下降，则说明机体产生疲劳，肌肉力量持续下降则说明身体疲劳程度较深。心率是判断疲劳最简单的生理指标。体育锻炼后心率恢复时间延长或者第二天清晨安静时心率较以前明显增加，都表示机体已处于疲劳状态。

当然，判断疲劳还有其他一些客观检查指标，如肌电图、心电图、血尿素、尿蛋白、皮肤空间域、闪光频度融合等。

三　运动性疲劳的消除

（一）推迟运动性疲劳的出现

在体育锻炼时，如果运动疲劳出现得迟一些，对提高锻炼效果是有益的。要推迟运动疲劳的出现，一般要从下面几点做起：

（1）平时注意坚持经常的体育锻炼和运动训练，努力提高自己的身体素质。

（2）体育锻炼或运动训练时，应该注意运动内容的合理安排，以避免因局部负担过重产生局部疲劳，而过早导致全身整体工作能力的下降。因此，在平常锻炼时，运动内容要交替选择，以使身体各部位活动负荷合理变换，从而有助于推迟疲劳的出现。

（3）注意发展与运动项目相适应的供能能力。不同的运动项目，供能系统各有特点。如短跑主要供能系统是磷酸原系统，中跑的供能系统主要是乳酸能系统，长跑的供能系统主要是有氧代谢系统等。发展不同的供能系统的练习方法各有特点，在锻炼中如能了解这些特点，着重发展该供能系统能力，就会对从事该运动项目时疲劳的推迟有帮助。

（4）加强意志品质训练，提高心理素质，有利于疲劳时精神意志因素的改善，从而有助于推迟疲劳的出现。

（5）饮食营养的合理安排，对体内能源的充分贮备有积极意义。

（二）消除运动性疲劳的措施

锻炼后产生的运动疲劳如得不到及时的消除，体力恢复不充分，势必影响到继续锻炼及工作学习。因此，在运动疲劳出现之后，采用得当的措施加速疲劳的消除是非常重要的。

1. 静止性休息——睡眠

体育锻炼中能源物质大量消耗，身体机能明显下降，锻炼导致身体疲劳之后，保证良好而充足的睡眠是使身体疲劳尽快消除的重要手段。因为睡眠时人体各器官、系统活动下降到最低水平，物质代谢减弱，能量消耗仅维持基础代谢水平，这时的合成代谢最旺盛，有利于体内能量的蓄积。同时，睡眠时大脑皮质的兴奋性最低，大脑皮质细胞比较脆弱，容易因长期兴奋而产生过度消耗。因此，在体育锻炼后，要保证足够的睡眠，且睡眠时间应比不运动时的睡眠时间要长，否则就会出现虽然体育锻炼很努力，但收效甚微的状况。

此外，身体劳累之后，坐下或躺下休息也有助于疲劳的消除。

2. 积极性休息——放松活动

生理学家很早就发现，当局部肢体疲劳之后，可通过另一部分肢体肌肉的适当活动来加速已疲劳肌肉的体力恢复，称为活动性休息。后来的很多生理实验研究进一步证实，当局部疲劳后，可利用另一些未疲劳的肌肉的适当活动来促进全身代谢过程，加速疲劳消除。这是因为体内消除疲劳的主要承担者是血液循环。血液循环可以补充氧气及其他营养物质并排除疲物，而积极性消除疲劳的方法就是积极促进重点转换部位的血液循环。另外，为积极性休息安排的练习活动，应注意强度要小，时间要短，这样在神经细胞内产生的兴奋才能集中，对疲劳的神经细胞方可起到负诱导作用，使后者抑制加深，并促进恢复。

由于静止性休息和积极性休息对消除疲劳都有良好的效果，因此应该将两种方法结合起来进行。在保证睡眠的情况下，采用积极性休息效果会更好。

3. 整理活动

整理活动是消除疲劳、促进体力恢复的一种良好方法。剧烈运动后进行整理活动，可使心血管系统、呼吸系统和内分泌系统仍保持在较高水平，有利于乳酸的糖异生作用；同时让肌肉及时得到放松，可避免由于局部循环障碍而影响代谢过程及因此造成的恢复过程延长。

一般整理活动应包括以下内容：慢跑、深呼吸、体操、肌肉韧带拉伸等放松练习及静力牵张练习、按摩等。

4. 沐浴

疲劳后的放松活动、按摩、沐浴等都属于积极性消除疲劳的手段。沐浴是最简单的消除疲劳的一种方法，如果水温适宜，它可以加速人体新陈代谢，调节机体，使机体兴奋。国外有人做过测试，运动员在集训期间进行一天的训练后，在沐浴前每 100mL 血液中平均有 30mg 乳酸，同样在 43℃ 的浴水中，泡洗 5min 出浴的运动员乳酸浓度几乎没有变化，而泡洗 10min 出浴的运动员血液中的乳酸则会降低 7~8mg；如再泡 30~60min 后，血液中的乳酸就恢复到疲劳前的水平。人体疲劳还常常表现为肌肉酸痛，而温水浴能对副交感神经产生刺激，可以起到镇静作用。当然，每个人对水温的适应能力不同。一般来说，温度高些的热水浴更能降低血液中的乳酸浓度，但沐浴时间过长或水的温度过高，反而会因消耗大而造成疲劳，因此要根据自己的具体情况，进行适当控制。另外，水的浮力作用还可以使身体变轻，对缓解肌肉紧张程度也有一定的效果。

5. 合理补充营养

运动中能源物质的消耗是疲劳产生的原因之一。因此，消除疲劳的前提是使消耗的能源物质得到及时补充。在运动疲劳后，饮食中要有较充分的糖和蛋白质补充，不同的体育锻炼形式补充的能源物质不同。一般来讲，力量练习后补充蛋白质，如果是长时间的锻炼，体内能源供给有较大部分来自脂肪，这类耐力性运动疲劳后，应根据负荷的程度适当食用一些脂肪类食品。此外，疲劳后要注意维生素和无机盐的补充，维生素 C、维生素 B_1、维生素 B_2、维生素 A、维生素 E 等对疲劳的消除有重要作用。同时，各种高能运动饮料及一些营养补剂等对体力恢复也是有益的。

6. 心理调节

情绪因素对疲劳的消除也有不容忽视的作用。积极向上、乐观愉快的情绪有助于加速疲劳的消除。欣赏优美动听的音乐，做些自我心理控制与放松调节等，对体力恢复都有促进作用。

值得注意的是，单独采用任何一种方法消除运动疲劳，其效果都不够理想，必须根据每个人的具体情况，加以综合运用，才能取得较好的消除疲劳的效果。

•••● 第二节　运动性病症 ●●••·

运动性病症是指由于运动训练或比赛安排不当而出现的疾病或机能异常。如运动性晕厥、运动性低血糖症、运动性贫血、运动性血尿与蛋白尿、运动中腹痛、肌肉痉挛、肌肉酸痛、运动性中暑、冻伤等。出现运动性病症时，应停止运动或调整运动量，并进行检查和治疗。

一 运动性晕厥

在运动中，由于脑部突然供血不足或血中化学物质变化而引起一时意识短暂紊乱或丧失的现象，叫做运动性晕厥。

（一）原因

凡引起血压急剧下降和心输出量突然减少的因素均可能引起晕厥。如精神过分紧张、受惊等时血管紧张性降低，引起急性外周组织血管扩张，血压下降；疾跑后突然停止使大量血压聚集在下肢，造成循环血量明显减少；长时间站立不动或久蹲后或长期卧床后突然起立等体位变化，自主神经功能失调致回心血量骤减和动脉压下降引起晕厥。

（二）征象

昏倒前，病人感到全身软弱无力，头昏、耳鸣、眼前发黑。昏倒后，面色苍白、失去知觉、突然昏倒、手足发凉、脉搏慢而弱、血压降低、呼吸缓慢等。

（三）处理与预防

1. 处理

应立即使患者平卧，足略高于头部，并进行由小腿向大腿心脏方向按摩或拍击。同时用手点压人中、合谷等穴位，必要时给氨水闻嗅。如有呕吐，应将患者头部偏向一侧。如患者停止呼吸，应立即进行人工呼吸。轻度休克者，应由同伴搀扶慢慢走一段时间，帮助进行深呼吸，即可消除症状。

2. 预防

平时要经常坚持体育锻炼，以增强体质；久蹲后不要突然起立；不要带病参加剧烈运动；急跑后不要立即停下来；不要在饥饿的情况下参加剧烈运动。

二　运动性低血糖症

正常人在早晨空腹时血糖浓度为 $80mg/100mL \sim 120mg/100mL$，若低于正常值的 $50\% \sim 60\%$，则会出现一系列症状，称为低血糖症。在体育运动中，本症多发生在长跑、超长跑、滑雪等长时间的运动项目中，出现于剧烈耐力性运动中或运动结束后不久。

（一）原因

（1）长时间运动，消耗大量血糖，使糖代谢机能出现紊乱状态。

（2）运动前或运动时饥饿、过分紧张或有病症等，体内肝糖原贮备不足且未得到及时补充。

（3）机体存在不同程度的糖代谢紊乱疾患，运动时诱发低血糖症。

（二）征象

首先受影响的是神经系统，脑细胞工作能力下降，继而体内多个器官功能降低。

（1）轻者感觉饥饿、疲乏、头晕、心悸、面色苍白、出冷汗等。

（2）严重者出现低血糖性休克症状：神志不清、语言含糊、四肢发抖、烦躁到昏迷、脉搏快且弱，呼吸急速、瞳孔扩大等。

（三）处理与预防

1. 处理

轻者喝浓糖水或进食含糖类食物，平卧保暖休息，短时便可恢复；重者若已昏迷，可先指掐或针刺人中、百会、涌泉、合谷等穴位，并迅速作静脉注射高渗葡萄糖液（50%的葡萄糖液 50~100mL）。此外，还可热敷双下肢，也可做双下肢向心性按摩。

2. 预防

（1）不要在饥饿的情况下参加紧张的、剧烈的运动或参加过长时间的运动。进行长时间或长距离的运动时，中途应当补充些含糖、盐的饮料。

（2）有轻度症状时，应停止运动，迅速进食一些含糖食物或饮糖水。

（3）久病初愈（或未愈者）及基础差者，应避免参加长时间的剧烈运动。

（4）有糖代谢紊乱疾患者，应及早治疗。

三 运动性贫血

血液中红细胞数与血红蛋白量低于正常值，称为贫血。因运动引起的这种血红蛋白量减少，称为运动性贫血。

（一）原因

运动性贫血的指数男女不同，男性的血红蛋白量低于 120g/L、女性低于 110g/L 就属于运动性贫血。通常情况下，本病的发病率女性高于男性。贫血常引起多种不良的生理反应，危及健康。其发病的主要原因为：

（1）运动时，肌肉对蛋白质和铁的需求量增加，一旦需求量得不到满足时，即可引起运动性贫血。

（2）运动时，脾脏释放的溶血卵磷脂能使红细胞的脆性增加，加上剧烈运动时血流加速，易引起红细胞破裂，致使红细胞的新生与衰亡之间的平衡遭到破坏，从而导致运动性贫血。

（二）征象

运动性贫血发病缓慢，其症状表现有头晕、恶心、呕吐、气喘、体力下降，以及运动后心悸、心率加快、脸色苍白等。

（三）处理与预防

1. 处理

如运动中（后）出现头晕、无力、恶心等现象，应适当减少运动量，必要时暂停运动，并补充富含蛋白质和铁的食物（如动物血、肝脏、鸡胗、大豆、黑木耳、芝麻酱）或口服硫酸亚铁，这对缺铁性贫血的治疗有明显效果。

2. 预防

遵循循序渐进和区别对待的原则，调整膳食。如运动时经常有头晕现象时，应及时诊断医治，以利于正常参加体育锻炼。

四　运动性血尿与蛋白尿

剧烈运动后，尿中有肉眼或显微镜下可见的红细胞，称为运动性血尿；运动后引起尿中有蛋白质排出称为运动性蛋白尿。

（一）原因

（1）肾小球一时性机能障碍。主要是由于剧烈运动时血多流至下肢、肌肉，造成肾小球血供不足，使其机能一时性障碍，其过滤功能受影响，致使红细胞、蛋白等物质渗出。

（2）肾脏损伤。剧烈运动使肾脏直接或间接地发生损伤，肾小球微血管壁受损，引起肾出血或红细胞和蛋白质可直接由伤处渗出。

（3）泌尿系统有器质性疾患，如肾炎、结石或感染等。剧烈运动时，对这些器质性变化的刺激增加，易使其损伤或使其改变加剧而导致血尿、蛋白尿。

（二）征象

明显的血尿，肉眼可见尿色清红，轻者仅能在显微镜下才能发现。一般的血尿、蛋白尿无明显的自觉症状，靠实验室检查才能发现。有严重蛋白尿且持续时间较长者，才逐渐有贫血或水肿表现，但这类变化多为泌尿系统本身疾患所至，已非一般的运动性疾患了。

（三）处理

发现有血尿、蛋白尿时，要查找原因，若为一时运动量过大所致，需调整运动量和加强医务监督。若有器质性改变，应按病情轻重，及时治疗。

五　运动中腹痛

运动中腹痛是指由于体育运动引起或诱发的腹部疼痛。

（一）原因和征象

腹痛多数在运动过程中或运动结束时发生，主要因准备活动不充分，开始时运动过于剧烈，内脏功能尚未达到竞技状态，致使脏腑功能失调，引起腹痛；也有的因运动前吃得太饱或饮水过多，以及腹部受凉，引起胃部痉挛；还有的因呼吸节奏紊乱，导致呼吸肌或膈肌痉挛；少数因运动时间过长或过于剧烈，使下腔静脉压力上升，引起血液回流受阻，膈肌运动异常，致使两肋胀痛。

（二）处理与预防

1. 处理

如果没有器质性病变迹象，一般可采用减慢跑速、加深呼吸、调整呼吸和运动节奏，按摩疼痛部位或弯腰跑一段等方法处理，疼痛常可减轻或消失。如疼痛仍不减轻，甚至加重，就应停止运动，并口服十滴水或普鲁苯辛（每次一片），点掐或揉按内关、足三里、大肠俞等穴位。如仍未见效，应送医院作进一步检查。

2. 预防

饭后 1.5~2 小时才可运动；做好准备活动，运动量要循序渐进，并注意呼吸节奏；夏季运动要适当补充盐分；对于各种慢性疾病引起的腹痛应就医检查，病愈之前，应在医生和体育老师指导下进行锻炼。

六 肌肉痉挛

肌肉痉挛俗称抽筋，是肌肉不自主的强直收缩，变得坚硬。运动中最容易发生痉挛的肌肉是小腿腓肠肌，其次是足底的屈拇肌和屈趾肌等。

（一）原因

在体育锻炼时，肌肉受到寒冷的强烈刺激时，即可发生肌肉痉挛。在准备活动不够，或肌肉强力收缩，或收缩与舒张不协调时，均可发生肌肉痉挛；长时间运动时大量出汗，由于电解质丢失过多且未及时补充，可致肌肉兴奋性增高发生痉挛；也有的因情绪过分紧张所致肌肉紧张。

（二）征象

肌肉痉挛时，肌肉突然变得坚硬，疼痛难忍，而且一时不易缓解。

（三）处理与预防

1. 处理

对痉挛部位的肌肉做牵引。例如腓肠肌痉挛时，即伸直膝关节，并配合按摩、揉捏、扣打以及点压委中、承山、涌泉等穴位，以促使痉挛缓解和消失。

2. 预防

运动前做好准备活动，对容易发生痉挛的部位，事先应做好适当按摩；夏季进行长时间运动时，要注意补充盐分；冬季锻炼时，要注意保暖；下水游泳前，应先用冷水淋浴；游泳时，不要在水中停留时间过长；疲劳和饥饿时，不要进行剧烈运动。

七　肌肉酸痛

（一）原因与征象

在一次活动量较大的体育锻炼后，或间隔较长时间未锻炼，在进行锻炼之后，往往会出现肌肉酸痛。这种肌肉酸痛不是即刻发生在运动结束后，而是发生在运动结束后 1~2 天，因此称为延迟性酸痛。

运动后肌肉延迟性酸痛的原因是运动时肌肉活动量大，引起局部肌纤维和结缔组织的细微损伤，以及部分肌纤维的痉挛所致。由于这种肌肉纤维细微损伤及痉挛是局部的，因而就整块肌肉而言，仍能完成运动功能，但存在酸痛感。酸痛后，经过肌肉内局部细微损伤的修复，肌肉组织变得较以前更强壮，以后同样负荷将不再发生损伤或酸痛。

（二）处理与预防

1. 处理

（1）对酸痛的局部肌肉进行热敷和按摩，促进血液循环及物质代谢，有助于损伤组织的修复及痉挛的缓解；

（2）对酸痛的局部进行静力牵引练习，保持伸展状态 2min，然后休息 1min，重复练习，每天进行几次这种伸展练习，有助于缓解痉挛；

（3）口服维生素 C，促进结缔组织中胶原纤维合成的作用，加速受损组织的修复和缓解酸痛。

2. 预防

（1）根据不同体质、不同健康状况科学地安排锻炼负荷；

（2）锻炼时，尽量避免长时间集中练习身体某一部位，以免局部肌肉负担过重；

（3）准备活动中，注意对练习时负荷大的局部肌肉活动更充分；

（4）整理运动除进行一般性放松练习外，还应重视进行肌肉的伸展牵引练习，这有助于预防局部肌纤维痉挛。

八 运动性中暑

运动性中暑常在高温、高湿和通风不良的环境中进行运动时发生，指肌肉运动时产生的热超过身体散发的热造成机体内的过热现象（即热淤积）。

（一）原因和征象

（1）原因：环境温度高是致病主因。如通风不良、头部缺乏保护、被烈日直接照射的情况下，也很容易发病。

（2）症状：中暑早期可有头晕、头痛、呕吐等现象，逐步发展为体温升高，皮肤灼热干燥呈粉红色；严重者可出现精神失常、虚脱、抽搐、心率失常、血压下降，甚至昏迷危及生命。

（二）处理与预防

1. 处理

首先将患者扶送到阴凉通风处休息，同时采取降温消暑手段，如解开衣领、于全身、额部腋窝和腹股沟处冷敷进行物理降温，喝些清凉饮料、藿香正气水或十滴水，有循环衰竭者静脉补给生理盐水或葡萄糖水等。

严重患者，经临时处理后，应迅速送医院进行进一步治疗。

2. 预防

加强锻炼，增强体质。在高温炎热季节锻炼时，应适当减少运动量和锻炼时间，避免在烈日下长时间锻炼。夏天在室外锻炼时，应戴白色凉帽、穿浅色宽松薄衣；在室内锻炼时，应保持良好的通风，并备有低糖含盐的饮料。对不耐热个体要加强预防措施。

九 冻伤

冻伤是低温引起的人体损伤。

（一）原因

冻伤主要是寒冷刺激引起的，还与局部潮湿、风大、衣服欠暖或太紧，身体持久不动，长时间浸在冷水中有关。此外，营养欠佳、过度疲劳、饥饿、患病及体温调节功能差等因素都可致冻伤。

（二）征象

冻伤按轻重程度分为三度。

第一度冻伤（红斑级），是皮肤表层冻伤。受冻时皮肤苍白，有麻木感，解冻后局部红肿，有痒痛感，皮肤出现暗红色的斑块。愈后有表皮脱落，不留瘢痕。

第二度冻伤（水疱级），为皮肤全层冻伤。除皮肤红肿外，还出现大小不等的水疱，水疱破后流出黄色的浆液，局部皮肤微热或疼痛。愈后很少有瘢痕。

第三度冻伤（坏死级），除上述症状外，还有组织坏死（可深达皮下、肌肉、肌腱及骨骼），皮肤呈黑褐色。可出现持久性剧痛及严重病变。愈合慢且留有瘢痕。

严重冻伤恢复后，可出现胃痛、头痛等后遗症。

（三）处理与预防

1. 处理

让冻伤者立即进入温暖室内，注意患部保暖，并用40℃左右的硼酸水或温水敷患处，反复多次，直至患处复温为止，然后局部可涂冻疮膏病轻轻按摩。二度冻伤经复温消毒后，将水泡内液体吸出后可包扎或涂抹冻疮膏后暴露。三度冻伤应送医院处理。

冻伤后，严禁用火烤或水烫，也不要用雪擦或浸泡在冷水中。可做轻轻的全身按摩。搬移冻伤者时，动作要轻柔，以免折断或扭伤僵硬的肢体。

2. 预防

（1）注意提高机体对寒冷的适应能力，增强耐寒能力，如坚持冬季室外锻炼，经常进行冷水浴等；

（2）运动中的服装和鞋袜等应保暖和宽松，冬季锻炼可配备御寒用具，如手套、耳罩等；

（3）运动锻炼后要及时注意保温，更换掉湿衣服；

（4）运动时宜多吃含蛋白质和脂肪的食物。

••●● 第三节 健身运动处方 ●●••

运动处方（Exercise Prescription）是 20 世纪 50 年代由美国生理学家卡渡维奇提出的，最初是作为体育医疗的一种措施。近几年来，随着大众体育的开展，已发展成为指导一般身体锻炼和对锻炼者进行医务监督的手段。通俗地讲，运动处方类似医生给病人开的医疗处方，是由医生或体育工作者按锻炼者年龄、性别、健康状况、身体锻炼过程和心肺或运动器官的机能水平等，用处方的形式，规定适当的运动内容、锻炼方法和运动量的大小。也就是说运动处方是指针对锻炼者身体状况采用的一种科学的、定量化的体育锻炼方法。运动处方是指导人们有目的、有计划、科学地进行锻炼的一个重要方式和环节，尤其是在倡导终身身体锻炼的今天，掌握必要的处方锻炼知识和自我评价的方法，具有重要的指导意义。

随着运动处方应用范围的日益扩大，其种类也逐渐增加。一般常用的有普通人的健身运动处方和健康人的预防性运动处方；某些慢性病及创伤病人康复期的治疗性运动处方。此外，还有针对竞技运动员的竞技性运动处方。本节主要讲的是健身运动处方。

一 制定健身运动处方前的健康检查和体力检查

（一）健康检查

健身运动处方的制定是在充分考虑人的健康状况的基础上制定的。因此，制定运动处方前，首先要对实施体育锻炼的人进行必要的健康检查，了解身体有无异常和疾病，从而判断是否需要接受体力检查，以便放心地参加运动。

健康检查包括问诊和临床检查。问诊包括病史、运动史、现在的健康状况等；临床检查的项目以血液循环系统为主，如心电图、血压、血液、尿等项目。

（二）体力检查

体力检查的目的是了解被检查者的体力，发现潜在的疾患或异常，为确定适宜的运动强度提供依据。

二　健身运动处方的制定

健身运动处方包括下列几项主要内容：选择有益的运动项目（types），确定适宜的运动强度（intensity），确定一次运动适宜的时间（duration），确定每周锻炼的次数（frequency），运动处方的交付。

（一）选择有益的运动项目

选择有益的运动项目应着重考虑以下几个方面：

（1）选择的运动项目应简单易行，技术难度、场地器材要与锻炼者的条件相适应；

（2）选择的运动项目应有针对性，有重点、有效地改善某些器官的功能；

（3）选择的运动项目应与锻炼者的兴趣相结合，使之持之以恒；

（4）选择的运动项目应符合锻炼者的年龄特点。

（二）确定适宜的运动强度

运动强度对运动效果和运动安全有直接影响。运动强度合适与否，是制定和执行运动处方的关键。运动强度与心率（脉搏数）大体上成正比关系，因而常用心率作为运动强度的定量化指标。但对肢体功能锻炼和矫正体操的运动强度及运动量，则以肌肉疲劳程度而定，不用心率来判定。

人体运动中的心率是随着年龄增大而降低的，表9-1是根据年龄划分计算出的相应的运动强度（心率）。

健身运动处方的运动强度，从安全方面考虑应该在安全界限以下，从效果方面考虑应该在有效界限以上，这两个界限之间既安全又有效的运动强度，也就是较适宜的运动强度。

如何确定安全界限呢？对于健康人来说，以健身为目的的有氧运动，通常采用中等强度，可以把70%的强度作为安全界限。由于不同年龄的人有氧能力存在着差异，老年人的安全界限一般为60%的强度，年轻人的安全界限可以达到80%的强度。

从表9-1可知，20岁的大学生，如果以80%的强度为安全界限，其心率则为165次/分钟。这个基本标准还应针对个人情况进行调整。对于体弱或身体异常者，运动的强度与健康人有区别，对于这部分人要特别重视安全，从有效界限开始运动，要严格按照循序渐进的原则逐渐增加运动强度，切不要突然增大运动强度。即使对于一般人来说，也不必把安全界限作为追求目标。

从效果方面考虑为了提高有氧能力，而且需要什么样的健康人来说，大体上50%以上的运动强度其效果是明显的，而50%以下的运动强度，大多情况下效果是不明显的。但是，对于体弱多病或不经常运动的人来说，即使以小于50%的运动强度进行运动，有氧能力也会明显提高。

表9-1　按年龄划分的运动强度

百分比（%） 年龄（岁）	大强度		中等强度			小强度	
	100	90	80	70	60	50	40
20~29	190	175	165	150	135	125	110
30~39	185	170	160	145	135	120	110
40~49	175	165	150	140	130	115	105
50~59	165	155	145	135	125	110	100
60~	155	145	135	125	120	110	100

另外，以减肥为目的进行运动时，为了更多地消耗热量，运动量比运动强度显得更重要。宁可减少运动强度，通过延长运动时间来加大运动量，效果更好。以休养、娱乐为目的时，轻微的运动强度也是足够的，对于他们来说，欢乐舒畅的精神刺激比生理的刺激更重要，采用30%~40%运动强度也就可以了。

（三）确定一次运动适宜的时间

运动需要的时间是指给予心血管、呼吸系统适宜刺激所需要的充足时间。

一次运动需要的时间应根据运动强度、运动频率、运动密度以及身体状况等条件决定。一般情况下，运动强度和运动时间共同决定运动量。在要求相同的运动量时，轻微的运动强度所需要的运动时间较长，运动强度大时，持续时间则较短。按照健身运动的要求，一般运动时间不能少于 5min，一般控制在 15~60min 为宜；医疗体操可视具体情况而定。在健身运动中，50% 强度的运动，一次运动的时间约为 30~45min；60% 强度的运动，一次运动时间约为 20~30min；70% 强度的运动，一次运动时间约为 15~20min。相对来说，青年人或体质较好者，强度可稍大，持续时间可短些；而中老年人或体质较差者，则宜较小强度，持续时间可相对长些。

（四）确定每周锻炼的次数（亦称锻炼频度）

每周锻炼的次数与运动效果密切相关。一周进行一次运动，所给予肌肉和心血管系统的刺激，几乎不出现运动效果的积累；一周进行两次运动，其效果也是不显著；对于以增强肌肉力量为目的的锻炼来说，每周安排三次（隔日运动）锻炼就可以；而全身持久性锻炼（耐力锻炼）的效果与频度的关系则表现为频度越大，收效越大；对于以增进健康、保持体力为目标的体育锻炼，结合学生个人的学习、生活和休息每周 4~5 次为好，重要的是养成锻炼的习惯。

（五）运动处方的交付

运动处方是在指导老师或医生的指导下制定的。健身运动处方的形式如表9-2、表9-3、表9-4所示。表中全部内容都要填写清楚，尽量不要留空格。运动处方应由指导老师或医生与本人当面交代为好，首先应对健康诊断和体力检查的结果进行说明，如果有特别注意的事项，要详细说明，另外在拟定运动强度、一次运动的时间、一周锻炼的次数等要求时，最好与本人共同商定。

表 9-2 运动处方卡片（正面）

姓名：	性别：	年龄：

健康状况：

功能检查：项目（任选一项） 20 次/30s 蹲起 30 次/30s 下蹲 20m 往返跑试验 功率自行车等

结果：

锻炼内容：

锻炼时最高心率（次/分）： 每周运动次数：

每次锻炼持续时间：

注意事项： 禁忌运动项目：

复查日期： 自我监督项目：

医师或指导老师签名： 年 月 日

表 9-3 运动处方卡片（背面）

姓名：	锻炼情况：	身体反应情况：

学生签名：

表9-4　健身运动处方

姓名		性别		年龄		医师或指导老师		（签字）
健康检查	病史及运动史							
	身高（cm）			体重（kg）		安静脉搏（次/分钟）		
	血压		收缩压/舒张压	尿检查	尿蛋白尿糖	心电图检查		
体力检查（12min跑）	第一次 第二次		测试日期		月　日 月　日	测试距离　米 测试距离　米		体力评价等级
运动处方		体育锻炼内容		运动强度（脉搏，次/分）		一次运动时间		一周锻炼次数
	1. 2. 3.			安全界限	效果界限			
	百分比运动 强度（脉搏数）		最大脉搏数 80%强度 70%强度 60%强度 50%强度 　　　　次/分		最大脉搏数计算方法：$b=210-0.8x$（其中，b为最大脉搏数，x为年龄）百分比强度脉搏数计算法：$Q=(b-a)y+a$（其中，Q为该百分比强度脉搏数，b为最大脉搏数，a为安静脉搏数，y为百分比运动强度）		
备注								

三　健身运动处方的实施

运动处方是实施体育锻炼的主要依据。在体育锻炼过程中，根据当时的主客观情况，通过定期检查，掌握身体变化和运动效果情况，判断运动处方的成效，对运动处方的内容做调整，使之更加切合实际。

为了克服体育锻炼的盲目性和片面性，养成良好的生活习惯，最好结合健身运动处方制定一个简单易行的个人周锻炼计划（表9-5）。

表9-5　周体育锻炼计划（示例）

星期	早操	余暇（课外）体育活动	备注
一	慢跑1200m；一般体操练习		
二	慢跑800m；太极拳练习	耐力跑2000m；排球活动20min；上肢和下肢力量练习	
三	慢跑1200m；一般体操练习		

续表

星期	早操	余暇（课外）体育活动	备注
四	慢跑 800m；太极拳练习	耐力跑 2000m；篮球活动 20min；上肢和腰腹力量练习	
五	慢跑 800m；一般体操练习		
六		网球活动；毛球活动；野外活动	
日	慢跑 1200 m；太极拳练习	球类活动	

在制定个人锻炼计划时，应注意以下几点：

（1）注意锻炼内容的合理选配。锻炼内容不应该是单一的，因而在选配内容时，应注意把课外锻炼内容与体育课的学习内容结合起来，注意不同身体素质之间的有机结合，如进行耐力（慢跑）锻炼时，配以上肢力量与腰腹肌力量练习，在练习过程中或结束锻炼前常常以球类活动作调节。

（2）大学生在制定锻炼计划时，要根据学校作息制度合理安排周锻炼次数和每次锻炼的时间。每天要坚持做早操，早操时间不宜过长，一般不超过30min；早操活动强度宜小，不要进行剧烈活动，以不出现疲劳为度；课外活动时间控制在 1h 以内，应在离晚饭半小时前结束运动；有体育课的当天，尽量不要再安排课外体育锻炼，若在睡眠前进行锻炼时，可结合洁净身体的冷水浴（或热水浴）进行锻炼，但不宜进行剧烈运动，以免影响睡眠。

（3）在制定个人锻炼计划时，应将周锻炼计划、阶段锻炼计划和年度锻炼计划有机地结合起来。

第十章 职业病的预防和体育疗法

•••● 第一节 常见性职业病 ●•••

一 职业病的定义

职业病（Occupational Diseases），是指企业、事业单位和个体经济组织（以下统称用人单位）的劳动者在职业活动中，因接触粉尘、放射性物质和其他有毒、有害物质等因素而引起的疾病。

二 职业病的构成条件

要构成《中华人民共和国职业病防治法》中所规定的职业病，必须具备 4 个条件：

①患病主体是企业、事业单位或个体经济组织的劳动者；

②必须是在从事职业活动的过程中产生的；

③必须是因接触粉尘、放射性物质和其他有毒、有害物质等职业病危害因素引起的；

④必须是国家公布的职业病分类和目录所列的职业病。

以上四个条件，缺一不可。

三 职业病的种类

古代医籍中早已提到有关职业病的内容。古罗马的老普林尼记述了奴工用猪膀胱预防熔矿烟气的办法，瑞士医生帕拉切尔苏斯提出铸造及熔炼中的劳动卫生问题，G. 阿格里科拉报告矿工中呼吸病多发，B. 拉马齐尼所著《论工匠的疾病》一书详细分析和记载了多种生产有害因素与职业病的关系。随着大工业生产及自然科学发展，职业性疾病越来越多。

在生产劳动中，接触生产中使用或产生的有毒化学物质、粉尘气雾、异常的气象条件、高低气压、噪声、振动、微波、X 射线、γ 射线、细菌、真菌、长期强迫体位操作、局部组织器官持续受压等，均可引起职业病，一般将这类职业病称为广义的职业病。广义的职业病一般有尘肺、职业中毒、职业性皮肤病等。

同样，在日常工作中，由于长期重复性工作，容易使颈椎疲劳，引起颈椎病，出现骨质增生等症状，有的影响血液循环，出现习惯性头晕等症状。由于工作方式的机械性，经常固定姿势进行操作，各部分的肌肉容易出现劳损。长时间的坐姿、站姿、弯腰等工作形式，也容易引起腰肌等劳损甚至导致腰椎间盘突出症，容易出现便秘等不良症状。此类由于特殊的工作造成的职业性损伤一般有颈椎病、椎间盘突出、下肢静脉曲张、肩周炎，等等。该类由于长期固定的或重复的动作造成的职业病需要通过一定的体育运动疗法加以治疗。

对其中某些危害性较大，诊断标准明确，结合国情，由政府有关部门审定公布的职业病，称为狭义的职业病，或称法定（规定）职业病。

·●●● 第二节　常见职业病的体育疗法 ●●●·

本节主要介绍颈椎病、腰椎间盘突出症和肩周炎的发病原因、预防手段以及体育康复的基本疗法，以便学生了解常见职业病的基本特点和康复手法。

一　颈椎病的预防与治疗

颈椎病主要是由于颈椎骨质增生或韧带变性，压迫神经血管而产生的功能和结构上的损害，是一种在老年人群中的常见病和多发病。目前，颈椎病的发病年龄呈现出越来越年轻化的趋势。颈椎的结构如图 10-1 所示。

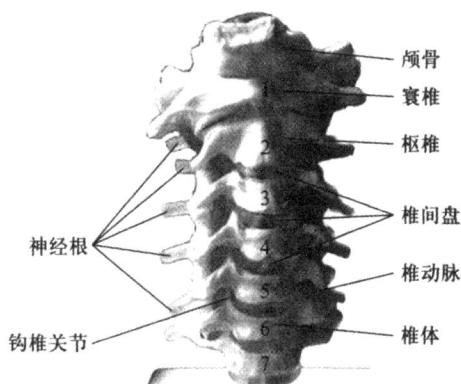

图 10-1　颈椎的结构

（一）颈椎病概述

颈椎病又称颈椎综合征，是颈椎骨关节炎、增生性颈椎炎、颈神经根综合征、颈椎间盘脱出症的总称，是一种以退行性病理改变为基础的疾患。颈椎病钩椎关节可发生在任何年龄阶段，临床表现为颈、肩臂、肩胛及胸前区疼痛，手臂麻木、肌肉萎缩，甚至四肢瘫痪、大小便失禁等一系列功能障碍的临床综合征。

（二）颈椎病的发病原因

导致颈椎病的原因主要是由于头部长期保持一种姿势或长期频繁活动，如身体前屈使肌肉、韧带、筋膜、关节囊等软组织长期处于紧张状态，颈椎间盘的退行性改变，骨质增生，椎间盘直接压迫相关的颈肩神经而引起疼痛。

（三）颈椎病的预防

长期伏案是颈椎病的重要诱因。长期伏案作业人员在工作学习时要调整好座椅的高度，尽可能保持自然的端坐位，经常改变头部体位或抬头远眺，加强肩颈部的肌肉力量练习。平时要保证良好的坐姿、站姿和走姿，使整个脊柱处于正常的活动范围内。在平时的体育锻炼中，应做好准备活动，避免颈部因突然大幅度前屈、后伸和左右旋转活动造成颈部意外伤害。工作学习之余，可以做一做简单可行的颈部保健操，放松颈部肌肉。

（四）颈椎病的运动康复疗法

颈椎病的运动康复疗法有颈部自我保健操、颈部放松操、颈部康复操、颈部力量训练、颈部哑铃、医疗体操等。患者可以根据自己的具体情况选择适合自己的疗法进行康复或保健理疗。下面列出几种常见且易于操作的治疗方法。

1. 颈部运动

颈部运动主要是指颈部顺着不同的方向做前屈、后伸、左右侧屈、左右旋转等动作，使颈部尽可能在最大范围内活动，以增大颈椎活动范围。

2. 太极拳

太极拳动作柔和、平稳、流畅、缓慢，非常适合颈椎病人练习。太极拳运动非常注重站姿和手、眼、头、颈、四肢的配合和协调，对颈椎的运动及肢体的柔韧性都有很好的锻炼。练习太极拳时，须充分放松腕、臂、肩、胸、腹、背等全身各部位肌肉，使脊柱经常处在活动状态中，这可缓解骨质疏松和骨刺的生成、椎间盘的变性退化及椎间孔变窄等症状，是颈椎病患者首选的运动项目。

3. 瑜伽

可通过手臂伸展式、拜日式、屈肘旋肩式等瑜伽姿势来加强肩颈部的肌肉和柔韧性。

4. 游泳

游泳是一项上肢、颈项部、肩背部、腹部及下肢的肌肉共同参与的全身运动，能有效地促进全身血液循环和关节活动。特别是蛙泳，在进行"呼气—吸气"交换时，头颈始终处于"一低一仰"的状态，正好符合颈椎病功能锻炼的要求，可全面活动颈椎各关节，有效促进颈周劳损肌肉和韧带的恢复。游泳最好每1~2天进行一次，每次30~40分钟。长期从事游泳锻炼对颈椎的预防和康复有良好的效果。

5. 旋颈望踵

站立，双足分开与肩同宽，双手自然下垂，颈肩放松，头颈左旋，双眼向后下方尽力望对侧足后跟，最大幅度用力拔伸颈部，保持约5秒钟。还原后，向右侧重复同样动作。如此重复10次（图10-2）。

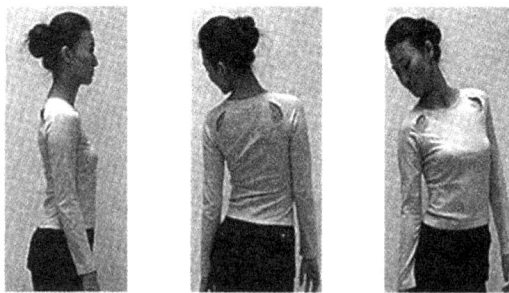

图 10-2　旋颈望踵

二　腰椎间盘突出的预防与治疗

腰椎间盘突出症又称腰椎纤维环破裂症，是指始发于椎间盘的损伤、破裂，在突出或退行性病变的基础上，产生的椎间盘和相应椎间关节及其附属组织的一系列病理变化，由此引起腰伴随下肢放射性疼痛的临床症候群（图 10-3）。

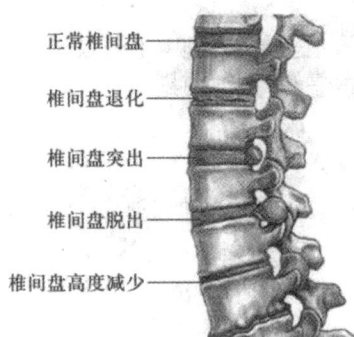

图 10-3 临床症候群

90%以上的患者会出现腰背疼痛，主要是下腰部及腰骶部持久性的疼痛，严重者卧床不起，翻身困难。还有患者会有坐骨神经痛，腰骶部、臀后部、大腿外侧部、小腿外侧至跟部或足背部等部位会出现放射性刺痛。

（一）腰椎间盘突出症的发病原因

引发腰椎间盘突出症的因素有内在因素和外在因素。内在因素是由于腰椎间盘的退行性病变，外在因素主要是由外伤、劳损造成。内外因素综合作用，使得椎间盘的纤维环破裂，髓核组织从破裂处突出，使周边的神经、骨髓等受刺激或压迫，从而产生腰疼、单侧或双侧下肢疼痛或麻木等症状。

（二）腰椎间盘突出症的预防

由于腰椎间盘突出症在短时间内难以根治，因此需要制订一个长期的预防保健方案，内容应涵盖患者的生活起居、基本的身体姿态、运动锻炼、饮食宜忌等。若持之以恒地实施这些预防保健方案，可以有效地预防腰椎间盘突出症。

（三）腰椎间盘突出症的运动康复疗法

1. 游泳

游泳是体育项目中对身体各部位锻炼最全面的一种锻炼方法，可作为腰椎间盘突出症患者首选的锻炼项目，对预防和缓解腰疼有良好的效果。人在水中运动时，水的浮力、阻力和压力对人体是最好的一种按摩方式。

2. 慢跑

慢跑的正确姿势是两手微握拳，两臂自然下垂摆动，腿不要抬得过高，身体重心要稳，步伐要均匀有节奏，前脚掌着地。跑步时，要注意选择空气清新、道路平坦的运动环境，穿着底部厚、软的鞋子，以便有效缓冲脚着地时的冲击力，减缓对腰椎间盘的震动。

3. 跳绳

可从双腿同时跳（脚尖着地）过渡到两只脚轮流跳。待水平提高后，可以变换跳绳的方式，如向后跳、交叉跳、双重跳等。

4. 爬楼梯

爬楼梯是最省时的一种健身方法，可以增强腰背部和腿部的肌肉力量，尤其是下楼梯时重心后倾，腰部肌肉收缩，可有效保护腰椎生理弯曲。

5. 交谊舞

交谊舞可以增强腰腿部肌肉力量，协调腰部和腹部的紧张关系。跳舞时，腰身扭摆，两腿轻弹滑动，可以加速全身的血液循环和新陈代谢，对全身的肌肉、肌腱、关节以及腰背和四肢等部位都可以起到很好的锻炼作用。

6. 倒退走（图10-4）

连续向后倒退走可以强化腰背部肌群的力量，加强腰椎的灵活性和稳定性，防止腰椎的生理曲度变直或后突。此外，可以改善腰部血液循环，促进腰部组织的新陈代谢，对腰椎间盘突出症有一定的辅助治疗效果。

倒走

人体中心向后运动有利于减小骨盘前倾和腰椎前凸

图10-4 倒退走

7. 腰背部肌肉锻炼

采用俯卧撑、俯卧跷腿、卧前后摆腿等练习方法，可以有效加强腰背部的肌肉力量（图10-5）。

(1) 五点支撑法　　　　　　(4) 头、上肢及背部后伸

(2) 三点支撑法　　　　　　(5) 下肢及腰部后伸

(3) 四点支撑法　　　　　　(6) 整个身体后伸

图 10-5　腰背部锻炼方法

8. 瑜伽

瑜伽练习中的骆驼式、直角式、三角伸展式、举肢脊柱式、脊柱扭动式等动作都可以有效改善腰背部的肌肉力量和韧带的柔韧性，经常练习可以起到良好的保健作用。此外，在鹅卵石、沙地上赤脚走路可刺激足底肌肉、筋膜、韧带、穴位及末梢神经，从而调节人体各项功能，达到强身保健、康复、防病及辅助治疗的效果。

三　肩周炎的预防与治疗

肩周炎，全称肩关节周围炎，其主要临床特征为肩臂疼痛和活动受限。肩周炎是肩关节周围肌肉、肌腱、韧带和滑囊等软组织的慢性、无菌性炎症，是一种发生在多部位、多滑囊的病变。

（一）肩周炎的发病原因

造成肩周炎的原因复杂而多样，既有肩关节内在病变、外伤制动、姿势失调等因素的影响，也有邻近部位的疾病、内分泌紊乱、免疫功能方面的改变、神经系统疾病以及受凉、心理因素等的影响。归结起来主要有以下原因：姿势单调，尤其是脑力劳动者长期伏案作业，易引起肩部筋膜劳损；运动锻炼前，准备活动不充分或过度体力劳动也会使得肩、颈部的软组织出现不同程度的创伤性炎症；长期缺乏体育锻炼也可能使得肩部的肌肉和肌腱耐受力变差，尤其在遇到风寒、雨淋、晚间着凉、冷气吹拂等情况下易发生；另外，睡姿不当、枕头过高也会引起肩酸背痛。

（二）肩周炎的预防

肩周炎不是严重的病症，但其病程较长，会给患者的工作、生活和学习带来一些不便。因此，除了积极治疗外，还需采取相关措施预防肩周炎的发生，如平时积极参加体育锻炼，注意日常饮食、起居的调理等。

积极参加体育锻炼，可以使全身肌肉、骨骼得到充分的伸展和锻炼，机体的耐受力和抗损伤能力得到提高和增强。常见的有效预防肩周炎的锻炼方法有太极拳、跑步、广播体操、武术、健身操、弓步扩胸和划船动作等。大学生在日常生活中应加强营养，增强体质，提高机体的免疫功能，避免慢性损伤，同时注意防寒保暖；在日常工作中应量力而行，劳动强度不宜过大，防止或延缓退行性病变的发生；在风、寒、湿、闷的环境中劳作，需注意保护肩关节，避免肩部受风着凉。

（三）肩周炎的运动康复疗法

适宜肩周炎患者的运动康复疗法很多，患者需要根据自己的年龄、病情和身体状况等选择适宜的运动项目或康复疗法。在肩周炎的疼痛期，除了采取必要的药物和针灸理疗等方法外，也可同时选择运动幅度较小的锻炼方法，如肩关节的徒手运动等。患者慢慢适应后，可逐渐加大运动量，以达到舒筋通络、消除疼痛、预防功能障碍的目的。在恢复期，应选择运动强度稍大的训练，如肩颈操、八段锦等，可有效缓解肩颈的肌肉、韧带粘连，发展肩带肌群力量，增强肩关节周围肌腱、韧带的弹性，恢复肩关节的活动度。下面介绍几种常见且易于操作的治疗方法。

1. 穴位按摩疗法

按摩手三里穴（屈肘成直角，肘横纹外端与肱骨外上髁连线中点向下两寸处）和印堂穴（在额部，两眉正中），用拇指和食指指腹按压穴位，上下左右揉动。也可以揉压阿是穴（痛点处），即用一侧的手指按住对侧肩部的压痛点，用力深压，前后左右揉动。

2. 前后摆臂练习

躯体前屈（即弯腰），上肢下垂，尽量放松肩关节周围的肌肉和韧带，然后做前后摆动练习，幅度可逐渐加大，做 30~50 次（图 10-6）。

图 10-6　前后摆臂练习　图 10-7　回旋画圈练习　图 10-8　正身双手爬墙练习

3. 回旋画圈练习

患者弯腰垂臂，甩动患臂，以肩为中心，做由内向外，或由外向内的画圈运动，用臂的甩动带动肩关节活动，幅度由小到大，反复做 30~50 次（图 10-7）。

4. 正身双手爬墙练习

患者面向墙壁站立，双手上抬，扶于墙上，用双侧的手指沿墙缓缓向上爬动，使双侧上肢尽量高举。达到最大限度时，在墙上做一记号，然后再慢慢向下返回原处。反复进行，逐渐增加高度（图 10-8）。

5. 侧身单手爬墙练习

患者侧向墙壁站立，用患侧的手指沿墙缓缓向上爬动，使上肢尽量高举，达到最大限度时，在墙上做一记号，然后再慢慢向下返回原处。反复进行，逐渐增加高度（图10-9）。

图10-9　侧身单手爬墙练习　　　图10-10　两手抱头练习

6. 两手抱头练习

两足站立，与肩同宽，双手十指交叉环绕抱紧后脑，两肘张开与身体平行，两肘收拢夹紧头颈，有节律性地开合、收拢（图10-10）。

以上几种疗法都有舒筋活血、消肿止痛、强化肩周关节功能的作用，患者可根据自己的病情有针对性地选择。

第五篇 急救与应急处理

第十一章　急救的意义和原则

●●●● 第一节　急救的意义 ●●●●

一 现场急救的概念

现场急救，就是应用急救知识和简单的急救技术进行现场初级救生，最大限度地稳定伤员的伤势、病情，维持伤员的最基本的生命体征，例如呼吸、脉搏、血压等。

现场急救是否及时或正确，关系到伤病员的生命和伤害的结果，并影响后续治疗的结果。现场急救工作，为下一步全面救治作了必要的处理和准备，不少严重伤病人员，只有在现场进行了正确急救，及时做好了伤病人员的转送医院工作，在送院途中给予必要的监护，并将伤病情况及现场救治工作反映给医生，保持急救的连续性，才有望提高危重伤病人员的存活率。如果坐等救护车送医院，很可能耽误了最佳的抢救时间，使重伤病员丧失生命。

二 现场急救的步骤

急救是为伤病员提供紧急的监护和治疗，给伤病员最大的生存机会。急救一定要遵循科学的步骤。

（1）调查事故现场。调查时要特别注意确保救护者、伤病员和其他人员无任何危险，迅速使伤病员脱离事故现场，特别在施工工地。

（2）初步检查伤病员，判断其神志、呼吸循环是否正常，必要时立即进行现场急救和监护，使伤病员保持呼吸道畅通，视情况采取有效的止血、防止休克、包扎伤口、固定、保存好断离的组织、预防感染、止痛等措施。

（3）呼救。派人呼叫救护车，救护者继续施救，一定要坚持到救护人员到达现场为止，并应向其反映伤病员的情况及施救过程。

（4）如果没有发现危及伤病员的体征，可进行再次检查，以免遗漏其他损伤、骨折或其他病况，这样有利于现场施救，稳定病情，降低并发症和致残率。

三 紧急救护常识

（一）应急电话

发生工伤事故后，施工现场人员应立即拨打紧急救助电话，请医院和医疗机构派车、派医生急救。

1. 急救电话号码

急救电话号码为：120。

2. 急救电话应说明的内容

（1）讲清楚伤者是什么事故致伤的，发生的具体位置，例如路、街、号、林、屯等，靠什么明显的路口或建筑，提供附近有特征的建筑。

（2）说明被救护者单位和姓名，说明报救者的姓名、电话或手机号码，以便救护车随时联系。

（3）说明伤情和已采取的措施，以便让救护人员事先做好各项准备。

（4）打完报警电话后，应派人到路口接车，并引导救护车到现场。

四 现场简单医疗急救

（1）若被热力烧伤后应立即用冷水或冰水湿敷或浸泡伤区可以减轻烧伤创面深度并有明显止痛效果，寒冷环境中进行冷疗时须注意伤病员的保暖和防冻。

（2）无论何种原因使烧伤合并其损伤如严重车祸、爆炸事故时，烧伤同时合并有骨折、脑外伤、气胸或腹部脏器损伤，均应按外伤急救原则作相应紧急处理，如用急救包填塞包扎、开放气胸、制止大出血、简单固定骨折等，再送附近医院处理。

（3）伤员脱离事故现场后，应注意对烧伤创面保护，防止再次污染。另外创面一般不涂有颜色的药物（如红汞、紫药水等）以免影响后续治疗中对烧伤创面深度判断和清创。对浅度烧伤水疱一般不予清除，大水疱仅作低位剪破引流保留泡皮完整，起到保护创面作用。

（4）烧伤后伤病员多有不同程度的疼痛和躁动，应给予适当镇静、止痛。

（5）烧伤病伤后 2 天内由毛细血管渗出加剧，导致血容量不足，烧伤面积超过一半病应立即输液治疗，因为休克很快就会发生。无条件输液治疗时，应口服含盐饮料，不宜单纯喝大量白开水以免发生水中毒。

（6）如遇严重烧伤者应立即向卫生主管部门报告并请求增援。

五　急救的重要意义

据医学知识和有关统计，突发事故、危重疾病发生后的 4～10 分钟是救命的"黄金时刻"，如果此时第一目击者掌握正确的应急救援救护知识，就能在最佳时机内对伤病员实施抢救，达到减轻伤残、挽救生命的目的，为进一步的治疗赢得时间，创造条件。灾害发生的第一时间，足够的自救互救常识能最大限度地降低灾害损伤。若没有受过专业培训而参加施救，不但效果不佳，还有可能造成二次伤害。且灾害发生时状况紧急，倘若没在平时得到足够的应急培训，紧急情势下，人们常常无所应对。

●●●● 第二节　急救的原则及步骤 ●●●●

一　急救的原则

总原则：经院外急救能存活的伤病员应优先救治。

1. 先复苏后固定

伤员既有心跳呼吸骤停，又有骨折时，应当首先实施心肺复苏术。

2. 先止血后包扎

为防止伤员血液大量流失，应当先采取指压法或止血带止血，再按科学方法包扎伤口。

3. 先重伤后轻伤

这是指先抢救心跳呼吸骤停、窒息、大出血、开放性及张力性气胸、休克等再进行伤口包扎。

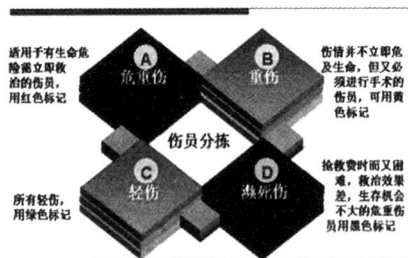

图 11-1　批量伤员分拣方法

4. 先急救后运送

受伤后 12 小时以内是最佳急救期。要抓紧时间先控制伤情恶化。

5. 急救与呼救并重

在实施急救之前应当拨打 120，并陈述清楚简要的情况。

二　急救的步骤

现场处理的首要任务是抢救生命、减少伤员痛苦、减少和预防伤情加重及发生并发症，正确而迅速地把伤病员转送到医院。

（1）报警。一旦发生人员伤亡，不要惊慌失措，马上拨打 120 急救电话报警。

（2）对伤病员进行必要的现场处理。

①迅速排除致命和致伤因素。如撤离中毒现场，如果是意外触电，应立即切断电源；清除伤病员口鼻内的泥沙、呕吐物、血块或其他异物，保持呼吸道通畅等。

②检查伤员的生命特征。检查伤病员呼吸、心跳、脉搏情况。如无呼吸或心跳停止，应就地立刻开展心肺复苏。

③止血。有创伤出血者，应迅速包扎止血。止血材料宜就地取材，可用加压包扎、上止血带或指压止血等。然后将伤病员尽快送往医院。

④如有腹腔脏器脱出或颅脑组织膨出，可用干净毛巾、软布料或搪瓷碗等加以保护。

⑤有骨折者用木板等临时固定。

⑥神志昏迷者，未明了病因前，注意心跳、呼吸、两侧瞳孔大小。有舌后坠者，应将舌头拉出或用别针穿刺固定在口外，防止窒息。

（3）迅速而正确地转运伤病员。按不同的伤情和病情，按病情的轻重缓急选择适当的工具进行转运。运送途中应随时关注伤病员的病情变化。

三　受伤简易处理办法

出血：可以把身上的衣服撕成布片，对出血的伤口进行局部加压止血。

骨折：现场可以找块小夹板、树枝等物，对患肢进行包扎固定。

头部创伤：把伤者的头偏向一边，不要仰着，因为这样会引起呕吐，极易造成伤者窒息。

腹部创伤：将干净容器扣在腹壁伤处，防止发生腹腔感染。

呼吸心跳停止：及时对伤者进行口对口的人工呼吸，并进行简单的胸外按压。

四 日常医疗急救知识

（一）发现溺水的急救步骤

将溺水者救出水面后，应立即清除口腔内、鼻腔内的淤泥和杂物，迅速进行吐水急救。抢救者右腿膝部跪在地上，左腿膝部屈曲，将溺水者腹部横放在救护者左膝上，使溺水者头部下垂，抢救者右和按压溺水者背部，让溺水者充分吐出口腔内、呼吸道内以及胃内的水。

如果溺水者呼吸停止，迅速疏通呼吸道后，使其仰卧，头部后仰，立即进行对口人工呼吸。具体方法是，抢救者捏住溺水者的口吹气，吹气量要大，每分钟吹 15~20 次。

如果溺水者心跳停止，立即让溺水者仰卧，并作心肺复苏。经过现场急救后，迅速将溺水者送到附近的医院继续抢救治疗。

（二）脊柱损伤伤者的搬运法

在现场可采用轻拍、轻呼叫和疼痛刺激伤者来判断有没有昏迷，注意伤者有无肢体感觉丧失。对疑有脊柱骨折的伤者，均应按脊柱骨折处理。脊柱受伤后，不要随意翻身、扭曲。因为这些都将增加受伤脊柱的弯曲，使失去脊柱保护的脊髓受到挤压、伸拉的损伤，轻者造成截瘫，重者可因高位颈髓损伤呼吸功能丧失而立即死亡。

正确的搬运方法：先将伤者双下肢伸直，上肢也要伸直放在身旁，硬木板放在伤者一侧，用于搬运伤者的必须为硬木板、门板或黑板，且不能覆盖棉被、海绵等柔软物品。至少三名救护人员水平托起伤者躯干，由一人指挥整体运动，平起平放地将伤者移至木板上。在搬运过程中动作要轻柔、协调以防止躯干扭转。对颈椎损伤的伤者，搬运时要有专人扶住伤者头部，使其与躯干轴线一致，防止摆动和扭转。伤者放在硬木板上后，可将衣裤装上沙土固定住伤者的颈部及躯干部，以防止在往医院转运过程中发生摆动，造成再次损伤。

（三）锻炼中时遇到肌肉拉伤、扭伤的正确处理

首先要区分伤势轻重。一般来讲，如果自己活动时扭伤部位虽然疼痛，但并不剧烈，大多是软组织损伤，可以自己医治。如果自己活动时有剧痛，不能站立和挪步，疼在骨头上，扭伤时有声响，伤后迅速肿胀等，是骨折的表现，应马上到医院诊治。踝扭伤后 24 小时内，应用冰敷抬高压迫予以紧急处理。病患可先用弹性绷带加以压迫防止进一步肿胀，包扎时先用海绵垫敷伤部，再行弹力绷带包扎，松紧度适中，同时将下肢抬高增加静脉血回流以防肿胀。包扎 24 小时后拆除，视其伤情再作处理。此时更是冰敷的最佳时机，将冰块包上毛巾或者用冰凉的水沾湿毛巾。冰敷目的在防止内出血持续，但需避免冻伤。要正确使用热敷和冷敷。热敷和冷敷都是物理疗法，作用却截然不同。血遇热而活，遇寒则凝，所以在受伤早期宜冷敷，以减少局部血肿；在出血停止以后再热敷，可加速消散伤处周围的淤血。一般而言，受伤 24～48 小时后始用热敷。早期不宜作按摩和理疗，否则会加重出血和组织的渗出，使肿胀加重。伤后三天内避免重复致伤动作，三天后可进行功能性练习。一周后，可逐渐恢复锻炼，但伸展时以不引起伤处疼痛为度。

！注意

（1）不可忽略持续的疼痛，应让疼痛的肌肉得到休息。请勿在 48 小时内使用膏药贴，因为那样有可能加重症状。

（2）当天，每 3～4 小时进行 15 分钟冷敷（可以缓解肿胀）。请注意不能直接用冰块接触皮肤。

（3）至少让受损肌肉休息一天。

（4）保持拉伤的肌肉处于抬高的位置可以缩短症状持续时间。

（四）正确处理生活中的烧烫伤

生活中，以火焰烧伤和热水、热油等热液烫伤最为多见。许多患者在受伤之后直接在创面上涂抹香油、酱油、黄酱、牙膏等物品后便急急忙忙到医院就医，但这些日用品并无任何治疗烧烫伤的作用，且只能增加医生治疗的困难。若涂抹紫药水，因其着色重、不易洗净而影响医生判断伤情。

发生烧烫伤后的最佳治疗方案是局部降温，凉水冲洗是最切实、最可行的方法。冲洗的时间越早越好，即使烧烫伤当时即已造成表皮脱落，也同样应以凉水冲洗，不要惧怕感染而不敢冲洗。冲洗时间可持续半小时左右，以脱离冷源后疼痛已显著减轻为准。

如不能迅速接近水源，也可以用冰块、冰棍儿甚至冰箱里保存的冻猪肉冷敷。如采取的冷疗措施得当，可显著减轻局部渗出、挽救未完全毁损的组织细胞；若在到达医院之后才采取这一措施，在多数情况下已丧失了冷疗的最佳时机。

对于酸、碱造成的化学性烧伤，早期处理也是以清水冲洗，且应以大量的流动清水冲洗，而不必一定要找到这种化学物质的中和剂。过早应用中和剂，会因为酸碱中和产热而加重局部组织损伤。

（五）被毒蛇或其他咬伤的处理

在山地、草丛中可能被毒蛇或其他动物咬伤，面对危险，自我的急救非常重要。

1. 毒蛇咬伤

先分清是有毒蛇还是无毒蛇的咬伤。毒蛇的头多呈三角形，颈部较细，尾部短粗，色斑较艳，咬人时嘴张得很大，牙齿较长。毒蛇咬伤部常留两排深而粗的牙痕，相距1~2厘米，周围组织充血肿胀，甚至为黑褐色。无法判定是否为毒蛇咬伤时，按毒蛇咬伤急救。

（1）早期结扎：用绳子、布带、鞋带、稻草等，在伤口靠近心脏上端5~10厘米处作环形结扎，不要太紧也不要太松。结扎要迅速，在咬伤后2~5分钟内完成，此后每隔 15 分钟放松 1~2 分钟，以免肢体因血液循环受阻而坏死。

（2）冲洗伤口：用井水、泉水、茶水、自来水或 1∶5000 高锰酸钾溶液反复冲洗伤口，破坏毒汁。

（3）排毒：经过冲洗处理后，用消毒过的小刀划破两个牙痕间的皮肤，同时在伤口附近的皮肤上，用小刀挑破米粒大小数处，这样可使毒液外流。不断挤压伤口 20 分钟。但被蝰蛇、五步蛇咬伤，一般不要作刀刺排毒，因为它们含有出血毒，会造成出血不止。用口吮吸毒液时，必须保证没有口腔黏膜溃疡、龋齿等口腔疾病，最好隔几层纱布。用嘴吸毒并不是好方法，吸吮的人也可能因此中毒。

（4）抗蛇毒血清治疗：抗蛇毒血清应用越早，疗效越好。

注意：加强野外作业的防护，被毒蛇咬伤后切忌奔跑，宜就地包扎、吸吮、冲洗伤口后速到医院治疗。

2. 蜂蜇伤

一般只表现局部红肿疼痛，多无全身症状，数小时后即自行消退。若被蜂群蜇伤时，可出现如头晕、恶心、呕吐等，严重者可出现休克、昏迷或死亡，有时可发生血红蛋白尿，出现急性肾衰竭。过敏病人则易出现荨麻疹、水肿、哮喘或过敏性休克。可用弱碱性溶液如 3% 氨水、肥皂水等外敷，以中和酸性中毒，也可用红花油、风油精、花露水等外搽局部。黄蜂蜇伤可用弱酸性溶液（如醋）中和，用小针挑拨或纱布擦拭，取出蜂刺。局部症状较重者，也以火罐拔毒和局部封闭疗法，并予止痛剂。全身症状较重者宜速到医院诊疗。对蜂群蜇伤或伤口已有化脓迹象者宜加用抗生素。

第十二章　急救处理方法

●●●● 第一节　出血的急救方法 ●●●●

一　外伤出血的种类

①动脉出血：血色鲜红，血液搏动性向外涌动，危险性大。

②静脉出血：血色暗红，血液持续性向外溢出，危险性较小。

③毛细血管出血：血色鲜红，血液从伤面向外溢出，没有危险性。

二　受伤出血时如何止血

止血前需检查清楚出血情况，根据出血种类而采取不同的止血方法。

1. 毛细血管出血

呈小点状的红色血液，从伤口表面渗出，看不见明显的血管出血。这种出血常能自动停止。通常用碘酒和酒精消毒伤口周围皮肤后，以消毒纱布和棉垫盖在伤口上缠以绷带，即可止血。

2. 静脉出血

暗红色的血液，迅速而持续不断地从伤口流出。止血的方法和毛细血管出血大致相同，但须稍加压力缠敷绷带；不是太大静脉出血时，用上述方法一般可达到止血目的。

3. 动脉出血

来势凶猛，颜色鲜红，随心脏搏动而呈喷射状涌出。大动脉出血可以在数分钟内导致患者死亡，需急送医院抢救。

动脉出血的止血方法如下：

（1）指压止血法

用拇指压住出血的血管上方（近心端），使血管被压闭住，中断血流。在不能使用止血带的部位，在身边没有器材或紧急情况下，可暂用指压止血法。

（2）采用加压包扎法止血

伤口覆盖无菌敷料后，再用纱布、棉花、毛巾、衣服等折叠成相应大小的垫，置于无菌敷料上面，然后再用绷带、三角巾等紧紧包扎，以停止出血为度。这种方法适用于小动脉以及静脉或毛细血管的出血。但伤口内有碎骨片时，禁用此法，以免加重损伤。

（3）采用止血带止血法

四肢较大的动脉出血时，用止血带止血。最好用较粗而有弹性的橡皮管进行止血。如没有橡皮管也可用宽布带以应急需。用止血带时，首先在创口以上的部位用毛巾或绷带缠绕在皮肤上，然后将橡皮管拉长，紧紧缠绕在缠有毛巾或绷带的肢体上，然后打结。止血带不应缠得太松或过紧，以血液不再流出为度。上肢受伤时缚在上臂，下肢受伤时缠在大腿，才会达到止血目的。

！注意

缚止血带的时间，原则上不超过一小时，如需较长时间缚止血带，则应每隔半小时松解止血带半分钟左右。在松解止血带的同时，应压住伤口，以免大量出血。

•••● 第二节 运动性休克与急救 ●•••

一 运动性休克的定义

运动性休克（athletic shock）是在特定的运动环境中，因受到各种不利因素的侵袭，而迅速出现循环系统及其他系统功能急剧下降的一种病理生理状态。在高校举行的校运动会、体育达标考试过和平时的体育教学过程中，经常出现中、长跑学生到达终点后出现无力、恶心、面色苍白、四肢发冷，甚至昏厥倒地的运动性休克现象，严重者因处理不当甚至危及生命。

二 运动性休克发生的原因

在学校、体育教师、家长和学生中的任何一个方面的疏忽都有可能导致学生运动性休克的发生。

（一）学校的原因

由于学生缺乏相应的体育卫生知识，对于如何科学、合理地进行体育锻炼、训练和比赛就会很盲目，最终导致事故的发生。而学生所需要的体育卫生知识很大程度上取决于学校体育卫生知识的教育工作。另外，运动会期间的现场医务监督与急救工作不到位也为事故的发生埋下了隐患。

（二）体育教师的原因

学校体育卫生知识的传授者就是体育教师。体育教师体育卫生知识结构的不完善，缺乏基本的急救常识，那么对于学生所需的体育卫生知识的传授和现场救助工作将是空中楼阁。

(三) 学生的原因

学生是运动性休克发生的主体，由于缺乏必要的体育卫生知识，在运动前如何进行准备活动、控制情绪，在运动中如何控制调整好呼吸节奏、跑速，在运动后如何进行放松等无法进行，势必会增加运动性休克发生的概率。

(四) 家长的原因

许多学生家长生怕自己的孩子在升学、就业等方面受到影响，而隐瞒学生的健康情况、体质情况和以往的病史。另外，家长只重视学生的文化成绩而忽略了体育锻炼的益处，导致学生平时锻炼少，无运动兴趣，当进行剧烈运动时学生就容易发生意外，并且家长很疏忽安全教育，为学生上体育课和进行课外体育活动埋下了安全隐患，这是不利于学生的健康和安全的。

三　运动性休克的程度及症状

运动性休克可分轻、中、重三度。

轻度时，患者自觉头昏、耳鸣、眼前发黑或冒金星、恶心、面色发白、软弱无力，终因支持不住而跌倒，或在同伴搀扶下勉强行走。患者呼吸急促，心率快，脉搏细，血压正常或略升高，瞳孔大小正常，对光反射也正常。

中度时，患者头昏加重，或因意识模糊而昏倒，即使有同伴搀扶也无力支撑身体，面色苍白，四肢发凉，出冷汗，恶心或呕吐，呼吸减慢，心率减速，脉搏细弱，血压轻度下降，瞳孔缩小，对光反射正常或迟钝。

重度时，患者意识模糊，知觉丧失，面色苍白，四肢厥冷，周身大汗或无汗，呼吸浅表，心率慢并伴有节律不齐，脉细弱或摸不到，血压下降甚至测不出，瞳孔缩小或扩大，对光反射迟钝或消失，也可出现抽搐、大小便失禁等症状。

四　休克的急救处理

在运动的过程中易发生中毒性休克和严重挫伤并发休克，患者休克后急救时应使患者处于平卧或者是头低足高的体位，然后保持患者的呼吸道通畅，若有分泌物应及时清理，将患者头偏向一侧并将患者的舌牵引出口外，必要时为患者进行人工呼吸，休克患者应注意保暖，不要轻易搬动患者。

（1）平卧位，下肢应略抬高，以利于静脉血回流。如有呼吸困难可将头部和躯干抬高一点，以利于呼吸。

（2）保持呼吸道通畅，尤其是休克伴昏迷者。方法是将病人颈部垫高，下颌抬起，使头部最大限度地后仰，同时头偏向一侧，以防呕吐物和分泌物误吸入呼吸道。

（3）注意给体温过低的休克病人保暖，盖上被、毯。但伴发高烧的感染性休克病人应给予降温。

（4）必要的初步治疗。因创伤骨折所致的休克给予止痛，骨折固定；烦躁不安者可给予适当的镇静剂；心源性休克给予吸氧等。

（5）注意病人的运送。家里抢救条件有限，需尽快送往有条件的医院抢救。对休克病人搬运越轻越少越好。以送到离家最近的医院为宜。在运送途中，应有专人护理，随时观察病情变化，最好在运送中给病人采取吸氧和静脉输液等急救措施。

五 对运动性休克采取的预防措施

（一）加强学校工作

对学生和教师做好安全与科学锻炼身体的知识的教育与培训，并在开学初对全体师生的健康状况进行体检，为今后的体育运动做好预防措施。

（二）提升教师能力

努力提高教师的体育卫生知识，并向学生传授相关内容。在课堂中，学生能够获取必要的有关运动性休克的相关体育理论知识，提升学生的预防和急救能力，并从加强体育锻炼入手，使其能适应激烈运动下机体各部分功能的改变。

（三）学生加强自我监督

生命诚可贵。作为学生，一定要重视自己的身体健康，牢牢记住身体是革命的本钱。除了要认真学习基本的体育理论知识外，还应该学习相关的急救技能，这样当出现紧急情况时，对自己、对他人都能够进行及时的急救。

（四）家长的配合与支持

家长应转变成绩重于一切的观念，关注孩子学习成绩的同时更应关注孩子的身体健康，身体才是革命的本钱。应定期带孩子到医院进行体检，对孩子的健康持续保持关注和防护，避免运动性休克的发生。

•••● **第三节　心肺复苏的方法** ●•••

一　什么是心肺复苏

对呼吸心跳停止的急症危重病人所作的抢救治疗叫做心肺复苏。心肺复苏的目的是开放气道、重建呼吸和循环。人们只有充分了解心肺复苏的知识并接受过此方面的训练后才可以为他人实施心肺复苏。

心肺复苏=清理呼吸道+人工呼吸+胸外按压+后续的专业用药

二　心肺复苏的对象

主要是意外事件中心跳和呼吸停止的病人，而非心肺功能衰竭或绝症终期病患。在溺水、车祸、雷击、触电、毒气、药物中毒、摔伤等事件中，只要患者或伤者一停止呼吸、心跳，就应在第一时间抢救（最好在4分钟以内开始）。

三　心肺复苏的目的

并不是以病人的现场急救苏醒为唯一成败目标，主要目的在于使病人的脑细胞因有氧持续供应而不致坏死。

四　心肺复苏急救步骤

（1）看到病人，先检查意识（拍肩、查问怎么了）。

心肺复苏的方法

! **注意**

　　·在判断病人意识过程中，拍摇肩部下手不要太重，以免造成病人有骨折而加重病情。

　　·掐人中穴的时间不要太长。

　　·判断病人意识的时间不能超过5秒钟，以免延误救助时间。

　　（2）确定病人没有意识，赶快寻求后续支持（喊救命，请别人帮忙打急救电话120，呼叫救护车）。

　　（3）调整病人体位，使病人平躺于硬地上。

　　（4）畅通呼吸道（一手掌下压病人前额，另一手拇指与食指呈手枪形抬下巴）。

　　（5）看、听、感有无呼吸。看病人胸部有无起伏，以耳朵贴近病人口鼻，听有无呼吸声，以脸颊感觉有无出气。

　　（6）检查病人脉搏。用食指及中指找到病人颈部中央位置喉咙处，沿着一侧下滑1.5~2厘米处，微压来感觉病人是否有脉搏。

　　（7）若无脉搏，则需开展胸外按压。

五　胸外按压操作步骤

　　（1）正确的胸外按压位置：由病人的胸部（近施救者侧），找寻肋骨下缘，沿肋骨缘向上滑动，至肋骨与胸骨交汇的胸窝处，即为按压位置。（见图12-1）

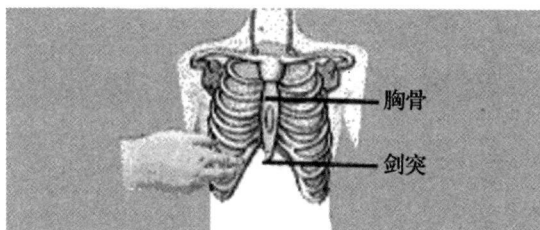

胸骨

剑突

图12-1

　　（2）将中指置于心窝处，食指紧靠中指，置于胸骨上定位。（见图12-2）

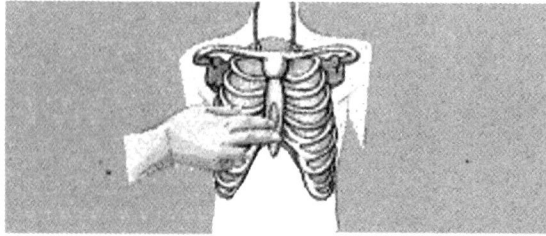

图 12-2

（3）将另一掌的掌根紧靠在已定位的食指旁，使掌根的位置正好放在胸骨的中线上。（见图 12-3）

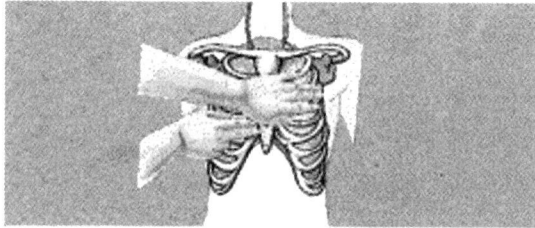

图 12-3

（4）掌根放好位置后，另一手重叠于其上。（见图 12-4）

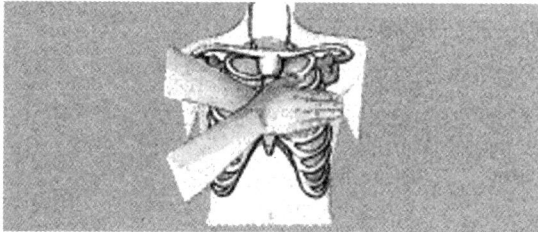

图 12-4

（5）将两手的手指互扣或跷起，以免压迫肋骨造成骨折。（见图 12-5）

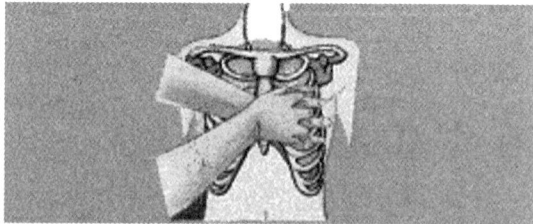

图 12-5

> **注意**
>
> 有关节炎者为他人实行胸外按压时，施救者依照图12-1至图12-3的做法，一手掌根放好位置后，以另一手紧握此手的手腕部。

定位胸外按压的位置小诀窍

救助者位于病人右侧，将右手掌平伸，手指紧贴病人喉部并指向喉部，平放病人胸前，大约掌根所在位置即为按压的地方。这样将手掌向外旋转90度，左手叠放在定位的手上，两只手交叉，手指翘起，进行按压。

（6）施救者面向病人跪着，两腿打开，与肩同宽，肩膀在伤患胸骨的正上方，双臂伸直，用体重的力量，直接下压，压力推至胸骨上。（见图12-6）

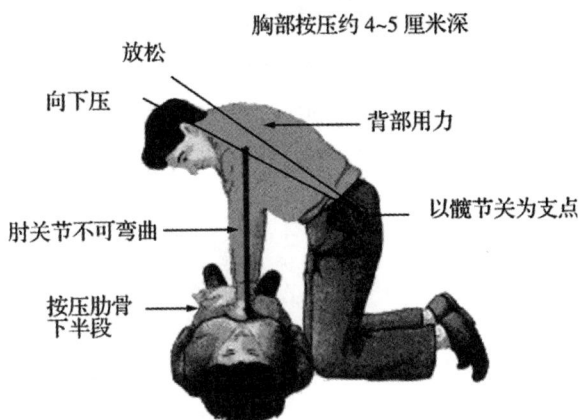

胸部按压约4~5厘米深
放松
向下压
背部用力
以髋节关为支点
肘关节不可弯曲
按压肋骨下半段

图 12-6

（7）每次下压时，应将胸骨压下4~5厘米，放松时，手不施压力，但不可移动手的位置。（见图12-7）

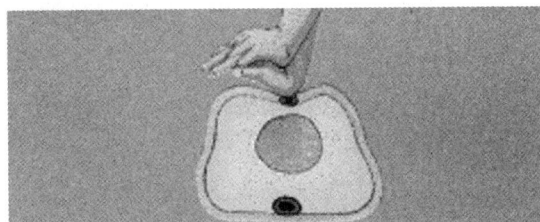

图 12-7

（8）一分钟后进行胸外按压与人工呼吸：先连续 15 次按压后，接着 2 次人工呼吸。（见图 12-8）

注意： 按压速度 80~100 下/分钟，人工呼吸每 5 秒一次。每次按压都要数数以配合按压速度，口诀：一下——十下，念"一"时手下压，念"下"时手放松，念"二"时手下压，念"下"时手放松，如此交互念至十下。十一，"十"压，"一"松，"十"压，"二"松……这样念到十五。

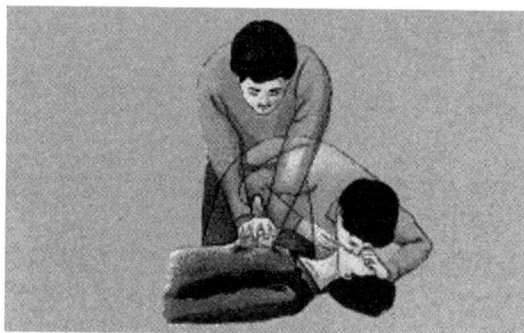

图 12-8

（9）约一分钟后（如（8）重复四次），检查脉搏的有无。再根据下面的流程图进行操作。（见图 12-9）

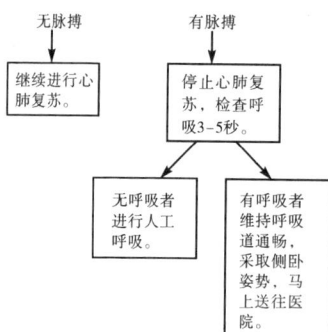

图 12-9

⚠ 注意

· 必须确定病人已经失去知觉，才可实施心肺复苏。

· 施救注意脱离危险区域。

· 病人的体位要处于仰卧位。须位于硬板床或地面上，以确保按压时病人不摇动。

· 口对口人工呼吸时吹气量应是成年人深呼吸正常量。

· 注意保持病人的呼吸道通畅。注意清除呼吸道中的分泌物、泥沙等。有些病人舌后聚，堵住气道，应该把舌头拉出来。

· 若病人戴有义齿，人工呼吸前应取下。

· 婴幼儿口鼻比较接近，最好将婴幼儿口鼻一起包含进行人工呼吸。

· 做人工呼吸前，为防止疾病传染，可用手帕、纸巾等覆在病人嘴上进行隔离。

· 按压的姿势。双臂伸直，使用身体的重量均匀地按压。按压要有规律，不要左右摇摆，也不要冲击似的按压。按压的频率成人是 100 次/分钟，按压的力度就是胸骨下陷 4~5 厘米。

· 胸外心脏按压应与人工呼吸同步进行。先做 2 次人工呼吸，再做 15 次按压，如此类推。

· 施行急救，须一直到有呼吸及有脉搏或后续支持到达为止。

· 如患者意识已清醒，采取侧身休息姿势，等待后续支持到达或送医治疗。

· 没有经验的人士千万不要随便为他人做心肺复苏。

六　胸外心脏按压有效的标志

患者瞳孔缩小；恢复自主呼吸；颈部大动脉出现搏动；末梢循环恢复。

心肺复苏的时限性非常关键，一般来说 4 分钟之内复苏大概有 50% 的存活率。因此，公众掌握心肺复苏技术对于提高心肺复苏成功率是非常关键的。

•●●● 第四节　海姆立克急救法　●●●●

　　老人、孩子和吃饭比较快的人，容易出现被食物噎住的情况。一旦被噎住会出现呼吸困难，导致缺氧，如果不能及时得到救治会导致意识丧失、心跳停止。因此，被噎住后及时救治十分关键。我们最常遇到的是食道异物和气管异物，即食物在食道被噎住，和食物呛到了气管里，其中气管异物最危险。

一　什么是海姆立克急救法

　　正确的急救方法是海姆立克急救法，也就是腹部冲击法。这是一种利用冲击腹部——膈肌下软组织，压迫两肺下部，从而驱使肺部残留空气形成一股向上的气流，将堵住气管、喉部的食物硬块等异物咳出，使人获救。如果被噎者可以喊叫、咳嗽出声、说话，此时可以让其用本能反应自主清理呼吸道，不应该使用海姆立克急救法。如果无法咳嗽出声或说话，完全不能呼吸（胸部没有起伏运动），被噎者可能会双手抓住自己的颈部，出现发绀，面色青紫，这个时候应立即采用海姆立克急救法施救。

二　具体操作方法

　　海姆立克急救法是针对 1 岁以上被噎者的急救方法。具体操作方法如下：

海姆立克急救法

1. 被噎者有意识

　　施救者站在被噎者背后，用两手臂环绕其腰部，一手握拳，将拳头的拇指一侧放在被噎者剑突下方肚脐上方两横指处。再用另一手抓住拳头、快速向上向后冲击压迫被噎者的腹部。重复以上手法直到异物排出。如果被噎者体型太大，施救者无法用双臂环抱，则用双臂环绕被噎者的胸部，用力快速按压胸部，而非腹部。

2. 被噎者无意识

如果被噎者已经失去了意识，则立即拨打 120 急救电话。在急救车到来之前，需要让被噎者仰面平卧，立即为被噎者实施心肺复苏。需要强调的是，在心肺复苏每次打开气道进行通气时，观察喉咙后面是否有堵塞物存在，如果发现易于移除的异物，要小心移除。

如果是 1 岁以下婴儿应采取 5 次拍背法，即施救者取坐位或者单膝跪在地上，将婴儿放在施救者的膝盖上，让婴儿脸朝下趴在前臂上，并使其头部稍低于胸部，用手撑住婴儿的头部和下颌，施救者要将前臂撑在大腿上，用另一只手的掌根用力在婴儿肩胛骨中间的部位拍打 5 次，并观察婴儿是否将异物吐出。如拍背法没有将异物排出，再将婴儿小心翻正托在前臂上，注意托住婴儿的头部和颈部，保持婴儿头部低于胸部，用另一只手的食指和中指，按压婴儿胸骨下部，压 5 次。拍背与压胸可重复进行，一直做到气管阻塞解除或婴儿失去反应为止。如果婴儿失去反应，则立即给予婴儿进行心肺复苏。

三 如何预防

日常生活中很多人都容易出现食物卡喉，因此建议：

（1）吃饭时要细嚼慢咽，充分咀嚼；

（2）口中含有食物时，应避免情绪激动、大笑、讲话、行走等；

（3）不要让孩子拿到容易吞咽的小东西，如玩具零件、气球、别针、钱币、小螺丝等；

（4）尽量不吃或少吃以下食物，包括果冻、圆而硬的坚果、大肉块、刺多的鱼、纤维过长过多的食物（如芹菜、鱿鱼丝等）、黏性比较大的食物（如汤圆、糯米糕等）。

•••● 第五节　自动体外除颤仪（AED）●•••

自动体外除颤仪（AED，Automated External Defibrillator）又称自动体外电击器、自动电击器、自动除颤仪、心脏除颤仪及傻瓜电击器等，是一种便携式的医疗设备，它可以诊断特定的心律失常，并且给予电击除颤，是可被非专业人员使用的用于抢救心脏骤停患者的医疗设备。在患者心跳骤停时，只有在最佳抢救时间的"黄金4分钟"内，利用自动体外除颤仪对患者进行除颤和心肺复苏，才是最有效制止猝死的办法。

自动体外除颤仪的国际通用标志如下所示：

图 12-10　国际通用标志

一　适应患者

自动体外除颤仪，于伤者脉搏停止时使用。然而它并不会对无心率且心电图呈水平直线的伤者进行电击。简而言之，使用除颤仪本身并不能让患者恢复心跳，那是许多影视节目的误导，而是通过电击使致命性心律失常（如室颤、室扑等）终止，之后再通过心脏高位起搏点兴奋重新控制心脏搏动从而使心脏恢复跳动（但有部分患者因其心脏基础疾病可能在除颤后无法恢复心跳，此时自动体外除颤仪会提示没有除颤指征，并建议立即进行心肺复苏）。

自动体外心脏除颤仪是针对以下两种患者而设计的：①心室颤动（或心室

扑动），②无脉性室性心动过速。这两种患者和无心率一样不会有脉搏，在这两种心律失常时，心肌虽有一定的运动但却无法有效将血液送至全身，因此须紧急以电击矫正。在发生心室颤动时，心脏的电活动处于严重混乱的状态，心室无法有效泵出血液。在心动过速时，心脏则是因为跳动太快而无法有效打出充足的血液，通常心动过速最终会变成心室颤动。若不矫正，这两种心律失常会迅速导致脑部损伤和死亡。每拖延一分钟，患者的生存率即降低 10%。

不同于一般专为医疗人员设计的专业心脏除颤仪，除了以上所提的两种情形外，自动体外除颤仪无法诊断其他各式各样的心律失常且无法提供治疗，而且它无法对心动过缓提供体外心率调节的功能。

二 使用步骤

1. 开启 AED，打开 AED 的盖子，依据视觉和声音的提示操作（有些型号需要先按下电源）。

2. 给患者贴电极，在患者胸部适当的位置上，紧密地贴上电极。通常而言，两块电极板分别贴在右胸上部和左胸左乳头外侧，具体位置可以参考 AED机壳上的图样和电极板上的图片说明。

3. 将电极板插头插入 AED 主机插孔。

4. 开始分析心律，在必要时除颤，按下"分析"键（有些型号在插入电极板后会发出语音提示，并自动开始分析心率，在此过程中请不要接触患者，即使是轻微的触动都有可能影响 AED 的分析），AED 将会开始分析心率。分析完毕后，AED 将会发出是否进行除颤的建议，当有除颤指征时，不要与患者接触，同时告诉附近的其他任何人远离患者，由操作者按下"放电"键除颤。

5. 一次除颤后未恢复有效灌注心律，进行 5 个周期 CPR。除颤结束后，AED 会再次分析心律，如未恢复有效灌注心律，操作者应进行 5 个周期CPR，然后再次分析心律，除颤，CPR，反复至急救人员到来。

三 注意事项

1. AED 瞬间可以达到 200 焦耳的能量，在给病人施救过程中，请在按下通

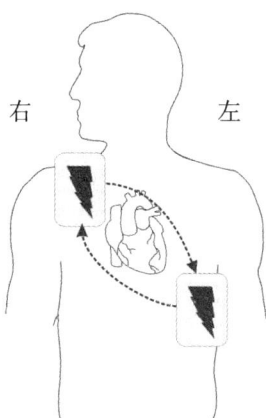

右　　　　　　　左

图 12-11　贴片位置

电按钮后立刻远离患者，并告诫身边任何人不得接触、靠近患者。

2. 患者在水中时不能使用 AED，如果患者胸部有汗水需要快速擦干胸部，因为水会降低 AED 功效。

3. 如果在使用完 AED 后，患者没有任何生命特征（没有呼吸心跳）需要马上送医院救治。

参 考 文 献

[1] 史辉.实用职业体育与健康[M].长沙:湖南科学技术出版社,2017.

[2] 刘怀志.体育与健康[M].长沙:湖南科学技术出版社,2017.

[3] 张晔,历叶红.体育与健康[M].长沙:湖南大学出版社,2016.

[4] 马岳良.大学生体育与健康教程[M].长沙:湖南大学出版社,2016.

[5] 徐晓斌.高职实用体育教程[M].北京:国防工业出版社,2008.

[6] 王玉富.高职院校职业实用性体育教程[M].北京:新华出版社,2015.

[7] [美]杜泽·邦帕,[加]迈克尔·卡雷拉.青少年运动员体能训练[M].尹晓峰,等,译.
上海:上海文化出版社,2016.

[8] 陈咏梅.竞技运动的起源与功能[J].教育,2014(12).

[9] 茹秀英.透析奥林匹克教育的核心载体:竞技运动(SPORT)[J].体育教学,2020(2).

[10] 彭仕杰.大学生运动性休克的社会学分析[J].考试周刊,2012(12).

[11] 何武.运动损伤的预防原则和现场急救方法[J].养生保健指南,2020.

[12] 赵宝椿.运动性休克的原因与对策[J].医生的话,2002(2).

[13] 周德铨,等.对大学生运动性猝死的分析与对策[J].南京师大学报(自然科学
版),2007,30(4).

[14] 厉昌高,孙有平.体能与体能训练的系统结构分析[J].四川体育科学,2011(2).

[15] 王保奎.体能训练的基本结构及创新研究[J].体育时空,2014(23).

[16] 国际健身气功联合会.健身气功·八段锦[EB/OL].(2016-09-20)[2021-05-
15].HTTPS://IHQFO.ORG/INDEX.PHP? P = NEWS _ SHOW&LANMU = 2&C _
ID=41&ID=1137.

[17] 国家体育总局健身气功管理中心.明目功功法源流[EB/OL].(2019-05-06)

［2021 － 05 － 15］. HTTP：//WWW. SPORT. GOV. CN/QGZX/N5407/C905694/
CONTENT.HTML.

［18］资武太极道院.健身气功·明目功(青少版)［EB/OL］.(2020-02-12)［2021-05-15］.HT-
TPS：//WWW. SOHU. COM/A/372414573 _ 99915292？ SPM ＝ SMPC. AUTHOR. FD －
D. 18. 16210747000668ARYRFT.

［19］李浩.减脂＝有氧运动？［EB/OL］.(2019-08-08)［2021-05-15］.HTTP：//WWW.
XINHUANET.COM/SCIENCE/2019-08/08/C_138292532.HTM.